풍자개 豊子愷
글과 그림 그리고 인성교육

장성욱 지음

신아사

서문

'만화'라는 단어는 우리에게 익숙하다. 그러나 만화라는 단어가 어떻게 생겨났고 누가 가장 먼저 사용했는지는 모른다. '만화'는 영어로 'cartoon'이다. 'cartoon'은 종이를 뜻하는 이탈리아의 카르토네에서 유래되었다. 이 단어는 본래 모자이크나 프레스코 벽화를 그릴 때 사용하는 밑그림을 뜻했다. 연속적인 그림과 주인공의 대사와 생각이 담긴 풍선 모양이 등장하는 최초의 현대 만화는 1896년 리처드 아웃콜트가 「뉴욕 월드」지에 그린 「옐로 키드」이다. 현대 만화가 나타날 때 일반인들은 만화를 화가들이 한가할 때 그리는 부수적인 일 정도로 생각했다. 그러나 뽀빠이, 윔피 햄버거, 대그우드 샌드위치, 버스틀 브라운의 헤어스타일 등 대중문화에 지대한 영향을 미쳤다.

우리가 쓰는 '만화'라는 용어는 중국의 豐子愷가 최초로 사용했다. 그는 1898년 항주 부근의 석문만진(石門灣鎮)에서 태어나 어릴 때부터 탁월한 예술적 재능을 보였다. 수필, 문학적 회화, 외국 문학 번역, 서양 미술 및 음악 교육 등 전방위적으로 활동했다. 그는 불교적 세계관과 예술적 감성으로 서정적인 글을 많이 남겼다. 자연, 일상, 전쟁, 사회 문제, 종교 등에 대하여 선의적 유우머와 해학을 곁들인 많은 그림을 그렸다.

그는 중국의 전통적 화법에 현대적 기법을 사용하며 독창적이며 독보적인 그림을 그렸다. 또 그림만 그린 것이 아니라 글과 그림 모두를 사용하여 언어적 조형적 특성으로 작품의 효과를 배가시켰다. 그는 글로 그림을 그리고 그림으로 글씨를 썼다(以文爲畵, 以畵爲文). 그는 회화와 문학에는 유사성이 있고 모든 예술이 서로 통하고 통합될 수 있다고 생각했다.

豊子愷는 문화 혁명의 척박한 환경에서도 은유적, 선의적 유머와 해학을 지니고 반드시 밝은 날이 올 것이라는 신념을 놓치지 않았다. 평화시에도 모든 것에 애정을 품고 관찰하던 풍자개는 전란을 겪으며 더욱 더 생명에 대한 관심과 관찰을 고조시켰다. 그의 우주 만물에 대한 사랑과 생명관은 보편적인 상상을 초월한다. 특히 순수하고 천진난만한 어린이들을 아끼고 사랑하여『兒童漫畵』(1932),『兒童生活漫畵』(1932),『幼幼畵集』(1947),『兒童雜事詩』(1950),『豊子愷兒童漫畵』(1956),『子愷兒童漫畵』(1959) 같은 수많은 아동화를 제작했다.

그의 아동화에는 은유, 상징, 해학, 번득이는 기지 등으로 어린이의 세계만 표현한 것이 아니라 어른 세계에 대한 풍자나 계시도 들어있다. 그는 무지하고 잔혹한 인간들에게 고통받으면서도 끈질기게 시적 정취와 서정성이 있는 작품들을 제작했다. 풍자개의 그림이 놀라운 것은 특정 주제를 그림에 나타냈다는 사실 때문이 아니라, 평범한 일상사나 흔히 보이는 주위의 사물을 통하여 보통 사람은 생각지도 못하는 놀랍고 새로운 점을 보여주기 때문이다. 풍자개는 이러한 메시지를 전하기 위해서 그림 내용의 다양한 구성, 언어의 교묘한 사용, 다중적인 기법, 예상하지 못한 반전과 신선한 충격, 글과 그림의 절묘한 조합 등을 사용한다. 풍자개는 언어를 구사하는 시인과 색채를 사용하는 화가의 재능과 기법으로 시대를 뛰어넘는 작품들을 남겼다. 선, 면, 특정 부분의 생략이나 강조 등 조형적 특성으로 놀라운 표현력을 발휘하거나, 상반되는 맥락에 특정단어 사용, 단어의 교묘한 배합 등으로 단순한 그림을 심도 깊은 회화로 만들었다. 삭막한 현대 한국에 풍자개의 글과 그림은 잃었던 미소와 생동감 있는 활력을 생성시킨다.

2017년 5월 5일 생일날 章成旭

목차

풍자개 글과 그림
그리고 인성교육

풍자개의 생애

풍자개는 1898년 항주 부근의 석문만진(石門灣鎭)에서 태어났다. 이곳은 대운하의 영향으로 경제와 문화가 모두 발된 곳이었다. 경항대운하는 중국 남북을 잇는 대동맥으로 수상교통로 사람들에게 아름다운 경치와 갖가지 재물을 선사했다. 그의 집안은 염색소를 운영하며 생계를 이어갔다. 그의 아버지 풍횡(豊鐄)은 세상사는 모르고 방에서 책만 읽는 천재였다. 그는 과거에 3번 응시했으나 모두 낙방하고 딸 여섯을 키우다가 처음으로 아들 풍자개를 얻어서 매우 기뻐했다. 그는 과거에 응시하여 4번째에 합격했다. 그 때가 풍자개가 다섯 살 되던 해였다. 그러나 풍자개의 할머니가 돌아가시는 바람에 아버지는 벼슬길에 나갈 수가 없었다. 이런 경우에는 부인이 집안의 일을 책임지게 된다. 풍자개의 어머니는 힘든 상황에도 내색하지 않고 묵묵히 자식들을 키워낸 굳건한 인물이었고 풍자개는 그러한 어머니를 글 속에서 잘 묘사했다.

풍자개는 여섯 살에 아버지가 운영하는 서당에서 글을 배웠다. 삼자경(三字經)을 단숨에 배우고 천가시(千家詩)를 배우고 그 감정을 그림으로 그렸다. 풍자개는 공부에서 탁월한 능력을 발휘했다. 『개자원인물화보(芥子園人物畫譜)』에는 각양각색의 인물들이 있었는데 풍자개가 자기 서랍에 그것을 숨겨두고 시간이 날 때마다 보곤했다. 풍자개가 아홉 살이 되었을 때 아버지가 폐병으로 돌아가셨다. 1910년 석문만 글방이 양학당으로 바뀌었다. 풍자개는 1914년 여름에 절강성 제1사범학교에 입학했다. 이 학교에는 근대의 대문호 '노신'으로 알려진 주수인(周樹人, 필명 魯迅(1881-1936))과 주자청(朱自清, 1898-1948), 엽성도(葉聖陶, 1894-1988), 하개존(夏丏尊, 1886-1946) 등 이름 있는 문인들이 교편을 잡고 있었다. 이 학교에는 시설이 잘 갖추어져 있어서 도화 전용 교실이 두 개 있었고 그 교실에는 그 당시에 희귀했던 각종 석고상들도 많았다. 풍자개는 일생의 정신적 지주가 될 이숙동(李淑同)을 여기서 만났다. 이숙동은 이 학교에서 음악과 繪畫를 가르쳤다. 그 당시 중국에서 음악수업과 회화수업은 경시되었다. 그러나 일본 1세대 유학파인 이숙동은 새로운 방식으로 예술수업을 진행했다. 전통적인 회화수업 방식이었던 '임모(臨模)' 대신 동경유학시절 배웠던 서양미술 교습방식으로 가르쳤다. 정물화를 그릴 때는 사물을 놓고 직접 그리도록 하였으며 풍경화를 그릴 때에는 교실 밖으로 나가서 살아있는 자연을 그리게 하였다. 특히 그 당시 누구도 시도하지 않았던 실제 누드모델을 직접 보고 그리도록 하는 방법을 채택하였다. 풍자개는 이숙동으로부터 유화, 판화를 배우면서 스스로 본 것을 묘사하는 법과 자신의 주위 사물들을 관찰하며 느끼게 되는 감정들을 표현하는 법을 배웠다.

1915년 17세 이후로는 豊顗와 豊愷로 사용해오던 이름을 豊子愷로 바꾸었으며 19세경부터 이숙동의 격려에 힘입어 화가가 되기로 결심했다.

1918년 스승 이숙동이 杭州에 있는 虎跑定慧寺로 출가하여 홍일법사가 되었다. 풍자개는 1919년 결혼하여 신혼살림을 차렸다. 1920년에는 상하이에서 미술, 음악, 수공 등을 가르치는 전문사범대학을 세울 것을 친구들과 의논하여 학교를 세웠다. 1921년 전문 사범대에서 1년 반 동안 회화를 가르친 풍자개는 일본미술잡지에 실린 외국 미술계의 현황을 보고, 회화에 대하여 더 전문적으로 배우고자 일본 유학을 결심했다. 돈이 없어서 친구들의 도움으로 일본유학을 떠났다. 일본에서 한 순간도 허비하지 않고 일어를 배우며 도처에서 그림을 감상하고 닥치는대로 배웠다. 유학시절 어느 날 다케이사 유메지(竹久夢二)[1] 의 그림책을 보았는데, 시적 분위기가 감돌고 조형미가 넘쳤다. 풍자개는 그 책에 매혹되어, 돈이 궁핍한 형편에도 불구하고 책을 샀다. 풍자개는 죽구몽이의 구도는 서양화인데 그림의 정취는 동양적, 형체는 서양적이고, 필법은 동양적이다라고 평가했다. 죽구몽이는 동서양화법을 조화롭게 종합하여 문학적인 흥취가 풍부한 그림을 그렸다.

1. (1884-1934)

죽구몽이는 네덜란드 화가 반둥겐의 창작기법을 모방했고 풍자개는 죽구몽이를 모방했다. 예를 들어 죽구몽이는 인물 다수의 눈을 그리지 않았는데[2] 풍자개도 그러했다.

풍자개는 일본에 있을 때 그 바쁜 와중에도 음악에도 관심을 기울여 3권의 『곽만연습곡(霍曼錬習曲)』을 마스터했다. 바이올린 연주에도 열정을 쏟아 부어 한 곡을 50번 연주하기도 했다.

2. 그 이유는 뒤에 밝혀진다.

유학비를 다 써버린 1921년 연말 10개월의 짧은 유학생활을 마치고 조국으로 돌아왔다. 그동안 장난감 공장, 공예미술 공장 등을 방문하고 러시아어를 배우고 또 영어를 배웠다. 그동안 다른 사람들이 몇 년 동안 있어야 거둘 수확을 가지고 갔다.

1922년 귀국 후 절강성 제일 사범학교의 스승인 하개존 선생의 요청에 따라 절강성 상우현 백마호의 춘위중학교에서 학생들을 가르치게 되었다. 이 학교에서 죽구몽이의 화풍을 딴 그림이 탄생되었다. 9월 부녀평론사에 입단했다. 춘휘중학교에서 발간하는 책에 최초로 풍자개의 만화 두 개가 실렸다.

1023년 봄 집 앞에 버드나무가 있는 집으로 이사를 했다. 여러 학교에서 근무하면서 다른 사람들의 삽화를 그려주었다. 1924년 춘희 중학교의 교사들이 학교 당국과 불화를 하여 일부 교사들이 학생들을 이끌고 상해로 가서 중학교를 세웠다. 춘휘 중학교의 교가는 당나라 시인 孟效의『遊子歆』이라는 시에 풍자개가 곡을 부쳐서 만들었다.

같은 학교선생인 주자청이 북경에 있는 유명 문학가인 유평백과 함께 부정기 문예 간행물인『아문적칠월(我們的七月)』을 창간했다.

1925년 3월 입달학회가 성립되었다. 풍자개는 학회의 상무위원이 되었다. 여름 입달학원으로 이름을 바꾸었다. 입달학원의 교무주임이 되었다. 입달학원은 특히 문학 선생님들이 훌륭했는데 당시의 이름난 문사였던 鄭振鐸, 葉聖陶, 茅盾, 陳望道, 胡愈之 등이 모두 당시 입달학원에 재직하고 있었다. 풍자개는 서양화과를 책임 맡았다. 立達은『논어』의 남을 먼저 세우고 자신을 세운다는 뜻에서 따온 것이다. 12월 정진탁이 제의하고 편집한『자개만화』가 문학주보사에서 출판되었다. 이것이 최초의 만화집이었고 이『子愷漫畵』이후 漫畵라는 명칭이 통용되었다. 그 만화의 종류는 아동만화, 사회만화, 항전만화, 호생만화, 古詩漫畵, 풍경만화, 소설만화 등으로 나눌 수 있다.

1926년 5월 중국공산주의 청년단의 중앙기관 간행물인 중국청년은 5.30학살을 기념하여 특집호를 출간했다. 이 특집호의 표지를 옛 고사를 토대로 만들었다. 당나라시대 대장군인 張巡이 휴양에서 안록산의 군대에 의해 포위되어 있었다. 장순은 젊은 將領인 南霧云을 賀蘭에 주둔해있던 進明에게 보내 구원을 요청하게 했다. 진명은 구원군을 보낼 생각도 없었고 오히려 남무운을 부하로 삼으려 했다. 먼 길에 지치고 배고픈 남무운을 잔칫상으로 안내했으나 남무운은 자신의 편들이 굶주리고 있는데 어찌 자신 혼자만 배불리 먹을 수 있냐고 박차고 나가면서 보탑을 활로 쏘아 맞췄다. 풍자개는 이 일화를 표지 그림으로 그렸다. 풍자개는 두 번째 잡지의 표지그림도 그렸다. 가을에 홍일법사가 풍자개 집에 머물렀다.

중국청년은 1927년 국민당 반동파의 박해로 지하로 숨어들어갔다. 1927년 30세 때 풍자개는 江西省江灣으로 돌아가 '緣緣堂'이라는 이름의 거처를 짓고 이 곳에서 지냈다. 홍일법사가 이름을 지어준 연연당에서 지내며 풍자개는 불교에 귀의하여 마음의 안식을 찾았다. 그리고 '아이처럼 행동하라'라는 의미를 지닌 '嬰行(영행)'이라는 아호를 홍일법사에게 받았다. 11월 27일 노신을 방문했다.

1929년 홍일법사 이숙동이 50세가 되자 스승과 제자 두 사람은 풍자개는 그림을, 홍일 대사는 제시(題詩)를 맡아 『護生畫集』을 출간하였다. 홍일법사와 같이 『護生畫集』을 공동 제작하여 출간했다. 『護生畫集』은 이후 1928년부터 1973년까지 간헐적으로 총 6권이 출간되었다. 1929년에 출간된 제1집에는 배경을 간략화하고 색채를 쓰지 않은 흑백 위주에 50폭의 작품들이 실렸고 동물화들이 주를 이룬다. 1928년 『護生畫集』 1집이 개명서점에서 출판되었다. 1929년 풍자개는 개명서점의 편집자로 일해 달라는 부탁을 받고 이사회 임원직을 맡게 되었다.

1931년 개명서점에서 풍자개의 첫 산문집 『緣緣堂隨筆集』이 출판되었는데 이 책은 읽기 쉽고 그의 만화에서처럼 일상생활의 소소함을 묘사하고 있어 대중들에게 널리 읽히게된다. 이 외에 풍자개가 저술한 많은 수필집과 화집들, 『西洋美術史(1928)』, 『近世十大音樂家(1930)』, 『緣緣堂隨筆集(1931)』와 『護生畵集(1929)』, 만화집 『學生漫 (1931)』, 『兒童漫 (1932)』, 『人間相(1935)』이 차례로 개명서점을 통해 출판된다..

1933년 봄, 상해에서 고향인 石門으로 돌아와 풍자개는 새로 '緣緣堂'을 짓고 프리랜서로 일하게 되는데 이 때부터 약 4년 동안 (1933-1937년)가장 많은 만화작품을 남기며 창조적인 작품 활동을 했다.

1937년 중일 전쟁(中日戰爭: 1937-1945년)이 일어나 풍자개는 일본군의 폭격을 피하여 전 가족을 거느리고 고향 石門의 緣緣堂을 떠나 강서성(江西省), 호남성(湖南省), 광서성(廣西省), 귀주성(貴州省) 등을 거쳐 사천성(四川省) 중경(重慶)에 정착했다.

1938년 3월 27일 중화 전국 문예계 항전협회가 성립되었다. 4월 『항전문예』라는 책이 발간되었다. 호남성에 있는 한구로 왔다.

1939년 절강대학의 예술교육 담당강사직을 떠났다. 12월 1일『속호생화집』을 출간했다. 항전만화를 그렸다. 3월 25일『漫畵阿Q正殿』을 완성했다.

1940년 절강대학에서 전학교의 예술과목을 강의했다. 都杓에서 1개월 동안 머물렀다. 4월『연연당 수필』을 일본 포원사에서 출판했다. 처음으로 풍자개의 작품이 외국에서 출판된 것이었다.

1941년 절강대학에 임용되어 新文學課 학생들을 가르쳤다. 星瀾樓에 거주했다. 부교수로 승진하고 옛날 만화들을 다시 그려 6개의 책으로 만들었다.『자개만화선집』을 12월 상해개명서점에서 출판했다.

1942년 10월 13일 홍일법사가 천주에서 영면했다. 풍자개는 개원사에서 그 소식을 전보로 듣고 수십분 동안 앉아서 홍일법사를 위한 발원을 했고 그 후 홍일법사의 초상화를 그렸다. 11월 국립예술과학대학교 교장 진지불의 초빙을 받고 식구들과 중경으로 갔다. 교수와 교무주임을 맡았다. 제 1회 개인전시회를 열었다. 풍경과 인물에 색채를 넣은 그림이 전시되었다. 국립예술전문학교 교수가 되었다.『畵展自序』를 지었다.

1943년 1월 100폭짜리의 홍일대사 초상화를 그리기 시작했다. 여름 땅을 빌려 집을 짔고 '沙坪小屋'이라 명명했다. 예술전문학교 교수직을 사직하고 그 뒤 만화로 생계를 꾸려나갔다. 학생 포혜와 연합전시회를 열었다.

1944년 2월 3일 여행을 떠나 가릉강을 올라가 여천 북쪽으로 갔다.

개인 전시회를 열었다. 군사우표 1매를 제작했다.

1945년 6월 1일 개명서점 설계회에 참가했다. 6월 입달학원 성립 20주년 기념활동을 했다. 6월 23일에서 26일까지 개인전시회 7월 국제구제회의 수공예 토론에 참가했다. 8월 15일 일본이 항복했다. '八月十日之夜'라는 제목의 그림을 그려 나누어주었다. 重慶兩路口회사에서 개인전을 했다. 江蘇동향회에서 그림을 전시했다. 8월 중국인민의 8년 항쟁은 승리로 끝났다. 일본을 물리치고 조국을 되찾은 중국인들은 기쁨에 들떴다. 그 뒤 장개석과 모택동의 투쟁이 모택동의 승리로 끝나서 1949년 중국이 공산화되었다.

1946년 4월 20일 집을 팔고 중경 개선로의 특 7호 개명서점으로 이사를 했다. 4월 23일 하개존 선생이 별세했다. 5월 1일 애도의 글을 썼다. 개인전시회를 개최했다. 9월 상해 보산로 보산리에서 학생인 포혜화 집에서 머물렀다. 남경로 대신공사에서 그림 전시회를 했다. 그 수입으로 항주의 집을 수리했다. 연연당의 옛 땅이 파괴되고 초목이 무성했다. 친척집에서 술을 마시고 자고 초현사에서 머물렀다. 12월 최초의 칼라 만화인『자개만화선』이 출판되었다.

1947년 2월 입달학원 복교 기금 모집을 위해 상해에서 그림 전시회를 했다. 3월 11일 항주 정강로 85호로 이사하고 집을 '湖畔小屋'이라 이름지었다. 매란방을 방문했다.

1948년『湖畔夜飮』에 정진택의 방문기록이 적혀있다.

5월 차녀와 함께 매란방을 방문했다. 9월 장석심 가족과 함께 대만에 가서 타이페이의 아리산, 일월담을 구경하고 TV에 출현했다. 타이페이의 중산당에서 개인 전시회를 했다. 11월 하문에 가서 보타산에서 싱가폴의 강차법사와 처음으로 만났다.

1949년 1월 5일 가족들과 하문으로 이사했다. 호생화 3집을 제작했다. 중학 전국 문학 예술 공작자 대표회의에 이름을 올렸다. 장석심이 호생화 3집에 서문을 썼다.

1950년 1월 23일 복주로 671번지 7호 개명서점 章錫深집으로 이사를 갔다. 7월 상해시 수차 문학 예술 공작자 대표 회의에 참석했다. 『兒童雜事詩』 제작했다. 또 글 하나에 그림 하나를 그리면서 『亦報』라는 책을 만들었다.

1951년 4월 문예계 대표로 상해시 2기 2차 각계 인민대표 회의에 참석해서 발표를 했다. 러시아 뚜르게네프의 『엽인필기』와 톨스토이의 『전쟁과 평화』를 읽었다.

1952년 『엽인필기』를 번역해서 4월 문화생활 출판사에서 출간했다가 11월 북경의 인민 문학 출판사에서 다시 출판했다.

1953년 4월 상해 문사관 관우 위원으로 선출되었다. 9월 전군도, 장석심, 엽성도 등과 홍일대사 사리탑을 지을 준비를 했다.

1954년 1월 10일 홍일대사 사리탑을 완성했다. 마일부와 풍자개는 기념사진을 같이 찍었다. 마일부가 "弘一大師之塔"이라는 글씨를 썼다. 8월 폐병과 늑막염을 앓았다. 9월 큰 병을 앓고 陝西南路 39가 93호로 이사했다. 그 집의 2 층은 해와 달빛이 잘 들어와 日月樓로 이름

지었다. 중국미술가협회 상무이사, 상해미술가협회 부주석으로 취임했다.

1955년 일월루에서 저서를 쓰고 번역에 몰두했다. 7월 모간산에 가족들과 함께 놀러갔다.

1956년 북경외문출판사에서 영어, 러시아어, 폴란드어로 『풍자개 아동만화』를 출판했다. 7월에 가족들과 여산으로 놀러갔다. 11월에 일중우호협회 부회장 내산완조를 접대했다.1957년 희작소설 『6천원』을 출간했다. 상해시 정무위원, 상해외문 학회 이사로 선임되었다.

1958년 1월 『이숙동 가곡집』을 출판했다. 그 원고료 1150원으로 홍일대사탑을 고치고 보수했다. 7월 싱가폴의 강차법사가 홍일대사 기념관을 지을 계획이라고 알려왔다.

1959년 4월 북경에서 전국 정협 제3기 제1차 회의에 참석했다. 주은래 총리를 접견했다. 그해 여름 중화서국에서 『辭海』라는 사전을 편집했다. 예순의 소설 『임가포자』를 제재로 10폭의 이야기를 만화로 지어 문예보에 올렸다. 국경절 때 자신을 위해 사탕수수 한 줄기를 그렸다.

1960년 3월 북경 전국 정협 제3기 제2차 회의에 참석하여 주은래 총리를 접견했다. 6월 21일 상해 중국화 원장에 임명되었다. 7월 중국 대외 문화 협회 상해 분회 부회장에 추대되었다. 9월 만국공원묘지의 내산완조를 조문했다.

1961년 봄 황산을 유람했다. 회갑을 넘긴 나이라 험준한 천도봉 등산이 힘들었지만 황산의 천혜의 풍광은 창작의욕을 한껏 고취시켰다.

「황산송(黃山松)」, 「상천도(上天都)」 등의 수필과 <황산포단송(黃山浦團松)>, <황산천도봉즉어배인상(黃山天都峰 魚背印象)>, <황산 운곡사(黃山雲谷寺)> 같은 그림이 이 여행의 산물들이다. 8월 1일 일본고전문학 『원씨 물어』 번역준비를 위해서 읽었다. 8월 매란방이 죽었다. 풍자개는 란심대희원에 조문을 보냈다. 14일 해방일보에 <<梅蘭芳不朽>>라는 조문을 기고했다. 『호생화 4집』을 출간했다.

1962년 3월 19일 북경의 전국 정협 제3기 제3차 대회에 참석했다. 5월 상해시 미협주석, 상해시 문학예술계 연합회 부주석이 되었다. 5월 말 처와 딸과 함께 금화에 놀러갔다. 가을에 다큐멘터리 필림으로 <화가 풍자개>를 찍었다. 7월에 강차법사에게 편지를 써서 관음상 100개를 제작할 계획이라고 썼다. 9월 상해시 제2차 문대회를 개최했다. 풍자개는 그 회에서 발언을 했다. 10월 2일 상해 불교신도들이 홍일대사 사후 20주년 기념대회를 열다. 그 제사에서 풍자개가 제주가 되어 제시를 주관했다.

1963년 66세 때 음력 2월 19일이 관음재일이어서 아내와 딸과 영파, 주산, 보타에 갔다. 풍자개가 항주의 유명한 미술협회인 '서냉인사'의 회원이 되었다.

1964년 8월 홍일법사가 살던 곳에 만든 기념관에 풍자개는 옆으로 거는 액자를 만들어 걸었다. 9월 5일 『홍일대사 유목속집』을 간행했다.

1966년 69세 때 6월 풍자개에 대한 비판 대자보가 상해중국화원에 처음으로 출현했다. 풍자개는 상하이의 10대 중요 비판 대상 중의 한 사람으로 지목되어 공격받았다. 문화대혁명이 개시된 것이다. 풍자개는 매일 불려다니며 조사를 받다 급기야 여름에 입원하게 되었다.

1967년 70세 때 감옥에서 비판을 받고 8월 16일 황포극장의 수많은 관객 앞에서 비판을 당했다. 풍자개를 타도해야 한다는 책이 출간되었고 풍자개는 상해 미술학교에 수십 일 동안 감금되었다.

1968년 71세 때 3월 난폭한 홍위병들이 상해화원에 쳐들어와서 풍자개는 모욕을 받고 비판을 받았다. 싱가폴의 강차법사와는 2년 동안 소식이 두절되었다.

1969년 72세 때 상해박물관에 가을과 겨울 동안 감금되었었다. 상해에서 강제노동을 하기도 했다. 눈 내린 바깥 땅바닥에서 자기도 했다. 풍자개는 이 상황을 "땅이 침대고 하늘이 이불이고 강물은 세수물이라 조물주의 무진장한 보물을 누리고 있다."라고 썼다. 추위에 질병에 걸리고 다리가 아프고 폐가 나빠지고 열이 높아졌다.

1970년 73세 때 1월 상해에서 병 치료를 했다. 중독성 폐염과 고열이 있었고 그 와중에도 혈압은 내려가는 등 몸의 상태가 말이 아니었다. 급기야 淮海의원에 입원했는데, 이 때 풍자개에 대한 비판이 최고도에 달했다. 병원 입구 한 쪽 벽에는 풍자개를 비판하는 전용 공간이 있을 정도였다. 1개월 후 퇴원을 했지만 폐병은 완치되지 않았었다. 이 때는 감옥에 가두지 않고 집에서 병 치료를 하게하여 일본 고전 문학을 번역했다.

1971년 평생 그린 만화 중에서 아끼는 것을 골라서 책으로 만들었다. 책 제목을『敗帚自珍』이라고 했다. 흩어진 옛 작품들을 기억으로 더듬어서 70여점을 다시 그렸는데 "예술성은 떨어지지만 필력은 더 좋다"라고 풍자개 자신이 평가했다. 이 책들을 아끼는 친우들에게 주어 보관하게 했다. 풍자개는 그림에 대한 인연은 이것이 끝이다 라고 썼다. 책을 구하는 사람이 많았다.『왕사설기』를『연연당속필』로 개명했다. 탕차영이 해석한『大乘起信論新釋』을 번역했다.

1972년 12월 30일 상해화원에서 통지가 와서 자산계급반동학술의 수괴라는 칭호를 취소한다고 통보했다. 잠정적으로 월급을 주기로 했는데 장기 병과로 80%를 삭감하고 20%만 지급했다. 집에서 탈취해간 TV나 물건들도 돌려주었다. 예술 활동도 하게 했다. 일본평안시대의『伊勢物語』를 번역했다.

1973년 76세 때 3월 제자 호치균과 함께 항주로 가서 누나 풍만을 만났다. 영은사를 방문해서 대웅보전에서 촬영을 했다. 6월에는 서법전람회에 자품을 제출했다. 이 해에는 몸이 아픈 중에도 새벽에 일어나 그림을 그려서 100편의 호생화를 그렸다. 풍자개의 그림을 구하는 사람이 많아지자 풍자개 스스로 "독초가 향기로운 풀이 되었다고" 평했다.『호생화 6집』을 제작했다.

1974년 10여 년 전에 번역했던 나쓰메 소세키의 단편소설『旅宿』을 다시 번역했다. 풍자개 그림이 흑화전에 다시 전시되었다. 노동극장에서 또 다시 비판을 받았다.

1975년 8월초 오른손 손가락이 마비되었는데 곧 팔까지 마비되었다. 처음에는 중풍인 줄 알았다. 열이 지속적으로 올랐는데 8월 15일 풍만 누나의 서거 소식을 듣고 너무 슬퍼서 병이 더 악화되었다. 9월 2일 상해 화산병원에서 흉부촬영을 했는데 폐암이 머리까지 전이된 것을 발견했다. 병명은 우엽첨폐암이었다. 9월 15일 12시 8분 상해 화산병원에서 영면에 들었다. 9월 19일 상해화원에서 부고를 보냈고 용화대화장터 대강당에서 추도회를 열었다.

1978년 6월 5일 상해시 문화국 당 위원회에서 풍자개에 대한 재심사를 해서 원래 심사 결과를 철회하고 풍자개의 누명을 벗겨주었다. 6월 28일 상해시 문화국, 문협, 화원에서 주관하여 풍자개의 유골을 상해열사 혁명간부 유골실에 안치했다. 그의 유골을 상해용화혁명공동묘지(上海龍華革命共同墓地)에 안착시켜 편안히 잠들게 했다.

공산주의 치하의 풍자개

중국이 공산화 된 이후 그 속에서 살았던 풍자개의 작품은 그 이전과는 판이하게 다른 변모를 보여준다. 그 당시 문화예술은 인민을 위하여 존재하며 노동자, 농민, 병사를 위하여 봉사하는 도구였다. 수많은 예술가들이 노동자, 농민, 병사의 삶을 함께 체험하기 위해 공장으로, 시골로, 부대로 내려갔다. 그 곳에서 공동생활을 체험하고 사상 개조에 참여하였다. 예술 작품의 내용과 소재도 노동자, 농민, 병사의 생활을 바탕으로 투쟁적인 삶을 반영하는 것이어야 했다.

당의 문예정책이 유일한 방침이 되는 상황에서 정치 선전화를 그려야 했었고 개인의 서정이나 감정을 묘사하는 것은 부르주아적인 것으로 비판을 받았다. 이것은 순수예술가에게는 사형선고나 마찬가지였다. 일본을 물리치고 통일된 조국을 자랑스러워 했던 풍자개도 정작

예술 활동에서는 엄청난 제약을 받게된 것이었다. 특히 서정적이고 시적인 내용을 중시하였던 풍자개에게는 충격 그 자체였다.

나비처럼, 새처럼 자유롭게 훨훨 자라기를 바랐던 어린이 그림도 도식적으로 그려야 했었다. 목에 삼각건을 두르고 남자 아이와 여자아이가 정부의 생산 증대 정책 노동에 동원되어 노동을 하고 있다. "어린 아이들이 기운이 있어, 흙에 거름을 준다! 노동도 사람을 위한 것이니, 평범한 것을 넘어 귀한 것을 이루어내자!(小小兒童有志氣,積肥壅土好算計!勞動只要爲人人,越是平凡越可貴!)"라는 글 적혀있다. 정부가 주창하는 캠페인의 구호와 작품 제목이 같고 이미지의 선전성도 동일하다.

이렇듯 풍자개의 작품도 공산당 치하에서는 급격하게 정치선전물이 되었다.

<光明都市>는 1959년 건국 10주년을 기념하여 그린 그림으로 '경축 상해 해방 십주년'이라 적혀 있다. 상해의 빌딩, 오송강 위의 오송철교 등 상해의 발전상과, 찬란한 햇살로 공산주의 조국의 화려한 미래를 나타내려고 했으나 어딘가 모르게 화면 전체가 투박하고 도식적이며 왠지 모를 어색함을 간직하고 있다. 자연스럽게 애정이 우러나서 그리는 그림과 정부의 정책 아래 그리는 그림의 차이라 하겠다.

1958년 작품인 <원수의 집이 친구의 집이 되다(冤家變成親家)>는 "아주머니 제가 당신을 대신해서 야채를 사왔어요(大媽,我替你買菜來了)"라는 글이 적혀있다. 왼쪽 위에 1944년에는 <同居盡小人>은 두 부인이 불화하여 상대방이 자신의 요리를 보지 못하게 하며 적대적인 태도를 하고 있다. 그러나 현재는 두 부인이 화해하고 나이든 이웃을

위해 젊은 부인이 물건을 사다 준다. 이것은 중국 통일 후 공산당의 정치 업적을 칭송하기 위한 그림이다.

풍자개는 '회화는 독립된 존재여야 하고 돈을 벌거나 선전 등등의 기타 목적의 도구가 되어서는 안된다'는 생각을 가지고 있었으나 공산주의 치하에서는 어쩔 수가 없었다. 정치선전을 위한 그림, 공산당 찬양을 위한 그림 등을 그리며 풍자개는 진정한 예술가의 길을 갈 수 없었다. 그래도 끝까지 붓을 놓지 않고 예술 활동을 계속했다.

문화 혁명과 풍자개

1966년에 시작되어 1976년까지 이어졌던 문화대혁명 시기에 풍자개도 대다수의 지식인들 처럼 '作畵'를 금지당하고 비판당하며 고초를 겪었다. 그의 <滿山紅葉女郎樵>, <昨日豆花棚下過,忽然迎面好風吹,獨自立多時>, <江村獨歸去,寂寞養殘生> 등의 작품들이 모두 '黑畵'로 분류되어 비판받았다. 당시 '黑'이란 '赤'과 상반되는 개념으로 붉은 색이 당성과 혁명성을 상징하는 색이었고 '먹색'은 지식인의 정신적 유희의 상징으로 간주되었다. 이러한 상황에서 미술계에선 기가 막힌 일들이 벌어졌다.

아무 생각없이 그린 순수한 작품이 터무니 없는 이유로 비판받고, 작가의 의도와는 전혀 상관이 없는 엉뚱한 해석으로 공격을 받았다. 자기 잘못을 인정하라는 편지를 쓰라고 강요받으며 예술가는 눈물을 흘리지 않을 수 없었다.

◆被视为批判对象的丰子恺漫画《炮弹作花瓶，人世无战争》

예를 들어 "포탄을 꽃병으로 만들고 세상에 전쟁이 없기를 바란다"는 평화를 갈망하며 그린 그림 내용이 일본군이나 국민당 반동분자의 주장과 같고, 공산당의 항일 투쟁, 국민당과의 투쟁과 그로 인한 승리 전체를 무용지물로 만들었다고 비판받았다. 전쟁의 잔혹상을 그린 그림도 비슷한 이유로 비판받았다. 참으로 기가 막히고 억장이 무너질 일이었다.

또 6일 일하고 1일 쉰다는 그림도, 그림 중의 인물이 해가 중천에 뜰 때까지 잠들었다가 깨고 그 분위기가 너무 한가롭고 여유로워서 열심히 일하는 노동자의 모습을 보여주지 못하여 부르조아적이고 심지어 퇴폐적이기까지 하다고 비판받았다.

◆被视为批判对象的丰子恺漫画《六日辛勤一日闲》

풍자개가 1943년에 그렸던 <만산홍엽여랑초>는 국가의 정책을 모독한 그림으로 낙인찍혔다. <만산홍엽여랑초>는 '온 산에 물든 붉은 잎을 소녀가 거두어 들이네'라는 뜻으로 낙엽이 날리는 서정적인 분위기가 강조된 작품이다. 그러나 정부는 '붉은 단풍'을 '三面紅期'[3] 와 연계시켜 정부주도의 운동을 모독했다고 비판했다.

3. 삼면홍기는 중국 공산당의 1958년 '제2차 5년 계획' 중의 3가지 핵심 업무로 원래 이름은 '三个法寶'였다가 1960년 5월 후에 '삼면홍기'로 개칭되었다.

풍자개가 1926년 그린 <꽃 파는 소녀(賣花女)> 그림의 "어제 콩꽃이 지붕에 떨어지고, 홀연히 기분 좋은 바람이 불어와서, 혼자서 오랫동안 서있었네(昨日豆花棚下過,忽然迎面好風吹,獨自立多時)"가 국민당정부를 그리워하는 것으로 간주되었다. 이 서정적인 작품을 정부는 '毒草'라 평가하고 서 있는 여자를 대만의 상징으로 해석하고 대만이 대륙을 침공하기를 바라는 풍자개의 바램이 표현된 것이라고 비판했다.

1963년 홍콩 『신만보(新晩報)』는 풍자개에게 "홍콩화교들에게 진실을 알리고 감정을 움직일 수 있는 작품을 그려서, 그들에게 대륙에 대한 그리움을 생기게 하여 돌아올 결심을 할 수 있게 해 달라"고 주문하였다. 풍자개는 <강촌을 홀로 돌아가니, 적막하고 비참하며 고된 인생이구나(江村獨歸去,寂寞養殘生)>이라는 작품을 『신만보』에 실었다. 그러나 이 작품 역시 문혁시기에 "만약 대륙으로 돌아온다면 그림 속의 가련한 사람과 같은 운명처럼 적막하고 비참하고 고될 것이다! 내가 얼마나 대륙을 떠나고 싶어 하는지 보이는가? 당신들은 부디 돌아오지 말고 대만으로 가거라!"로 해석되면서 비판을 받게 되었다.

그 당시 어떤 화가는 모택동 주석을 위험한 절벽 위에 그려놓았다고 박해를 받았다. 그 화가가 그러한 의도로 그리지 않았을거라는 것은 두말할 필요도 없다. 그러한 지경이었으니 그 당시 서양에는 긍정적인 것으로 알려졌던 문화혁명이 얼마나 비인간적이고 무지막지했었던 것인가를 잘 알 수 있다.

풍자개는 반혁명 성향의 화가, 반공산주의자의 우두머리, 극우파 등으로 비판받았다. 부처님을 신봉하고 순수한 것만을 추구한다고 하면서 실제로는 반 혁명활동을 한 우두머리라는 것이었다. 그가 얼마나 조국을 사랑하고 조국의 안녕을 바랐는지는 다음 그림에서도 드러난다.

풍자개가 울분을 삭히며 지내던 중 병이 들었다. 그 당시는 병이 들어서 다행이라고 할 정도로 분위기가 삭막했다. 병중에도 오전6시 기상, 7시 아침식사, 8시 모택동 책 학습, 10시 휴식, 12시 점심, 14시 모택동 저서 학습, 16시 휴식 등이 일과를 지켜야했다. 하루 종일 손님도 없고 밖에 나가지도 않았다. 그러는 중 오른손과 오른팔을 차츰 움직일 수 없게 되었다. 아픈 몸과 인간적인 굴욕 속에서 작업을 계속했다. 비록 당장은 드러내지 못한다 할지라도 언젠가는 빛을 볼거라는 희망하에 이른 새벽 혹은 늦은 밤에도 작품 활동을 계속했다, 그 시대에 그것만이 자신의 존재 이유를 가지게 해주는 유일한 일이었기 때문이다.

이 같은 상황에서 풍자개는 결국 혁명기간 동안 작품 활동을 금지당했다. 1970년에는 급기야 폐암으로 고생하며 많은 시간을 집에서 보내면서 문화대혁명시기에 많이 훼손되었던 만화를 개인적으로 다시 시작하였다. 이 작품들을『敗帚自珍』이란 제목으로 묶어 세상이 달라지면 출판하라고 그의 제자인 胡治均과 막내아들 豊新枚에게 전해주었다.

문혁기간의 탄압 속에서도 풍자개의 활동은 계속되었다. 작품제작이 어려워지자 풍자개는 1971년 湯次了榮의 『大乘起信論新』을 중국어로 번역했으며 이 번역본은 1973년 싱가폴에서도 발간되었다. 자신의 과거를 회상하는 내용이 많은 『연연당속필(緣緣堂續筆)』을 썼고 일본의 유명한 고전 『죽취물어(竹取物語)』, 『이세물어(伊勢物語)』, 『낙와물어(落洼物語)』 3편을 번역했다. 풍자개는 마지막 『호생화집』을 비밀리에 작업하여 1973년에 완성시키고 1975년 봄에 고향으로 돌아왔다.

문화대혁명이 일어났던 1966-1976년 사이에 작업을 했던 『호생화집』 마지막 권은 가장 힘든 작업이었다. 그러나 그는 홍일법사와의 약속을 이행하기 마지막 6권을 비밀리에 작업했고 朱幼蘭의 제시로 1973년 작업을 끝내고 1978년에 출판되었다.

그러나 풍자개는 1978년에 출간된 마지막권의 출판을 보지 못하고 풍자개는 1975년 9월15일에 상해에서 나이 78세로 생을 마감했다. 이후 풍자개의 흩어진 『호생화집』들을 廣治法師가 모아서 1985년 아무런 대가 없이 절강성 박물관에 기증했다.

풍자개의 고향에 있던 '緣緣堂'은 중·일 전쟁 중에 불타버려 1985년 동향현 정부가 원래 있던 자리에 처음 양식대로 다시 지어졌다. '연연당'은 '연연당'과 '풍자개 만화관' 두 개의 공간으로 구성되어 있다. 현재 '緣緣堂'은 검정색 기와와 채색벽으로 지어져 국가유적으로 지정되었다. 1998년에 지어진 '풍자개 만화관'은 '연연당'의 동쪽에 820만 평방미터로 조성되어 있다. 정원의 중간에는 풍자개 전신 석조상, 있고, 풍자개 예술생애 전시관, 풍자개 서화 작품전시실, 중국 유명 만화 작가실, 중국당대 만화작가 작품전시실 등 4개로 구성되어 있다. '緣緣堂' 내부에는 있었던 전시품은 풍자개 만화관으로 옮겨졌고 현재 연연당에는 옛 형식으로 가구만 배치 되어있다. 풍자개 기념관은 중국에서 한 가지 주제만으로 이루어진 유일한 전시관이다. 풍자개 본인의 작품과 생애 소개와 다른 만화작가들의 작품들도 전시되어 있다.

풍자개의 그림 세계

풍자개는 글과 그림 모두에 능했다(畵文幷重). 그는 글로 그림을 그리고 그림으로 글씨를 썼다.(以文爲畵, 以畵爲文)라고 할 수 있다. 그의 그림에는 인간, 동물, 식물, 곤충 등 모든 생물에 대한 따뜻한 사랑과 생명에 대한 존중, 아름다움 자연에 대한 찬미, 어린이에 대한 애찬과 상념 등이 담겨있다. 그에게 동물은 인간보다 열등하고 종속적인 존재가 아니다. 주체성을 지니고 생각하는 어엿한 하나의 존재이다. 위 그림에서 인간을 돌보는 말이 등장한다.

깊은 성찰과 은근하게 배어있는 유우머는 예술가의 품격과 여유를 느끼게 한다. 중일 전쟁과 중국 내전, 중국 공산화, 문화혁명의 와중에서도 모든 것을 긍정적으로 보려고 노력했고 극한 상황도 우화적으로 묘사했다.

오랫동안 잠자고 있던 중국에 밀려오는 현대적인 서양문물과 편리성에 동양의 가치관이 무너지는 것을 슬퍼했다. 다음 그림에서 조용한 동양과 혼잡한 서양이라는 의식이 들어있다.

◆丰子恺漫画《东洋与西洋》

풍자개는 조국이 부정부패로 썩어가고 인간성의 가장 추악한 모습을 보면 볼수록 동심의 순수한 세계를 자주 그렸다. 그는 어린이의 세

계를 동경하고 어른이 되면서 잃게되는 순수성을 찬탄했다. 나이가 들어감에도 불구하고 그의 마음에는 영롱한 동심이 자리 잡고 있었다. 수많은 상황과 복잡한 심상을 표현하면서도 과장이나 불필요한 요소 없이 적절하게 표현했다.

주의집중

위 그림은 그가 어린이들의 놀이를 얼마나 잘 이해하고 그 상황을 잘 표현하는 지를 보여준다. 불과 몇 가지의 색상과 단순한 구도로 놀이에 열중한 어린이들의 짜릿한 긴장감을 느끼게 해준다.

어린이 그림에서도 남성우위의 사상이 엿보인다. 위 그림에서 남자아이는 적극적으로 놀이에 참가하고 여자아이는 뒤에서 따라가고 있다.

풍자개의 연 날리는 그림에 4명의 어린이가 등장한다. 이 그림에서 연을 날리는 어린이들은 사내아이 들이고, 여자아이들은 사내아이들 방향으로 쳐다보고 있다. 시선도 차이가 있다. 사내아이들은 하늘을 쳐다보고 연을 날리고 있다. 따라서 남자의 영역은 하늘과 놀이이고, 여자의 영역은 남자를 돌보는 것이라는 사고방식이 이 그림에 내포되어 있다.

풍자개의 또 하나의 중요한 사상은 자연과의 합일이다. 불교에 귀의하여 그 교리에 맞추어 살았기에 꽃, 나무, 바람, 하늘, 구름, 풀, 동물 등의 자연과 교감을 하고 우주의 일부로서 전체를 호흡했다.

현실의 부조리와 열악한 인간 조건에 비분강개하기도 하고 아주 사소한 일들 속에 숨어있는 해학도 잘 발견하여 표현했다. 얼핏보면 삽화나 만화에 불과한 것 같은 그림에 인생에 대한 깊은 성찰, 사회 구조의 모순, 뒤틀려진 인간성, 등이 들어있다.

간단한 그림에도 획일적인 교육의 모순이 잘 드러나 있다. 그의 그림에는 농묵의 간결한 필치, 따뜻하고 산뜻한 색상, 서정성 깊은 사의 함축, 정련된 구조가 내포되어 있다. 풍자개 그림의 화제를 畵龍點睛이라 할 수 있다.

인도의 타고르는 풍자개의 그림에 대하여 "드문드문한 몇 번의 붓 터치로 인물의 개성을 그려내었다. 얼굴에 눈이 없지만 우리는 그가 무엇을 바라보는지 알 수 있다. 귀가 없지만 우리는 그가 무엇을 듣는지 알 수 있다. 고도로 정련된 예술적 표현의 경지는 이러하다."라고 평가했다. 풍자개는 왕유나 도연명처럼 글과 그림을 능수능란하게 조작하고 통제하며 사상, 인생관, 세계관 등을 표현했다. 그의 그림 세계를 일상 속의 경이[4] 라고 표현한다.

따라서 그림에 대한 연구는 글에서 잘 나타나지 않는 사상이나 예술적 기지를 알게 해준다.

4. 홍승직, 풍자개의 산문세계, 중국어문연구회, 2007년 1, p. 515.

豊子愷 그림 속 童心의 世界

豊子愷 그림 속 童心의 世界

어릴 때부터 다양한 예술적 재능을 보인 豊子愷(1895-1975)는 성장하면서 다방면에 두각을 나타냈다. 그는 수필, 문학적 회화, 외국 문학 번역, 서양 미술 및 음악 교육 등 전방위적으로 활동했다. 그는 불교적 세계관과 예술적 감성으로 서정적인 글을 많이 남겼다. 또한 자연, 일상, 전쟁, 사회 문제, 종교 등에 대하여 선의적 유머와 해학을 곁들인 많은 그림을 그렸다.

특히 순수하고 천진난만한 어린이들을 아끼고 사랑하여 수많은 아동화[5]를 제작했다. 그는 중국화의 전통적인 기법에 밀레, 고호, 竹久夢二 등의 영향을 받아 독창적인 화법을 구사했다. 그의 아동화에는 은유, 상징, 해학, 번득이는 기지 등으로 어린이의 세계만 표현한 것이 아

5. 『兒童漫畵』(1932), 『兒童生活漫畵』(1932), 『幼幼畵集』(1947), 『兒童雜事詩』(1950), 『豊子愷兒童漫畵』(1956), 『子愷兒童漫畵』(1959)

니라 어른 세계에 대한 풍자나 계시도 들어있다. 이 글에서는 그의 수많은 아동화 중 특징적인 작품들을 골라서 그림의 철학과 의미, 그림 속의 언어적, 조형적 기법 등을 분석하고자 한다.

I. 어린이들의 세계

풍자개는 일본에 유학하면서 접한 밀레와 고호의 그림으로부터 많은 영향을 받았다. 아동화도 밀레와 고호의 영향으로 그려진 것들이 있다. 밀레가 1858년 그린 '걸음마'의 영향을 받아 풍자개가 1926년에 '첫걸음' 그렸다.

고호의 영향으로 서양화의 구도를 쓰고 문인화의 모티브를 사용하며 그림을 그리기도 했다. 고호가 1890년에 그린 '두 명의 아이와 풍자개가 1932년에 그린 '자매' 그림이다.

풍자개는 일본 竹久夢二(1884-1934)의 많은 영향을 받았다. 풍자개가 그린 '江春水向東流'와 竹久夢二가 그린 '春光'이다. 풍자개는 죽구몽이 그림을 소리없는 시(無聲之時)라고 했다.

一江春水向東流와 春光

풍자개의 그림을 보면 그가 얼마나 어린이들을 잘 관찰하고 사랑했는지 알 수 있다. 어린이들은 물건을 흩트리며 놀다가도 좋아하는 것을 발견하고 몰두하기 시작하면 놀라운 집중력을 보인다. 어떤 일을 하더라도 일을 하며 온갖 잡생각을 다하는 어른들과 달리, 영혼이 순수한 아이들은, 이마에 땀이 송긍송글 맺혀지는 것도 모르고, 아무 생각없이 오로지 그 일에만 몰두할 수 있다. 이 그림에는 쓰기에 몰입된 여자 아이의 놀라운 집중력과 진지함이 극명하게 나타나 있다.

펜을 잡고 있는 소녀의 이목구비가 안보여도 그 모습이 생생하게 연상되고, 오히려 안 보이는 것이 더 좋은 효과를 유발한다. 장 밥티스트 시메옹 사르뎅(1736-1737)이 그린 [젊은 여교사]라는 그림에서도 열심히 공부하고 있는 소녀의 진지한 모습이 잘 나타나 있다.

풍자개의 딸 阿宝가 의자 다리에 자기 신발과 여동생의 신발을 신기는 광경이다. "阿宝兩只脚, 櫈子四只脚"이라는 글이 적혀있다. 이것을 보고 어머니는 화를 냈지만 풍자개는 웃으며 재빨리 스케치를 하여 이 그림을 그렸다.

아보가 양팔을 가슴에 포개고 있는 광경이다. 다소곳한 고수머리 아래, 여자 아이의 앙증스러울 정도로 상긋한 기운, 진지한 태도 등이 느껴진다. 눈, 코, 입이 없지만, 안 그려진 것이 여자 아이의 총명하고 깜찍한 모습이 더 잘 연상되게 한다. 사진보다 그림이 오히려 더 강렬한 느낌을 준다.[6]

6. 인도의 시성 타고르도 풍자개의 단순한 그림의 강력한 효과에 대하여 호평을 했다 한다

어린이들은 현실 세계에서만 사는 게 아니다. 아름다운 꿈과 재미있는 동화의 주인공이 되고 싶어하기도 한다. 별들 사이에서 달을 타고 놀거나, 커다란 새를 타고 멀리가고 싶어한다. 이러한 동화의 세계는 어린이들의 상상력의 산물이기도 하지만, 험난한 시대를 살았던 풍자개 자신도 들어가고 싶었던 세계일 것이다.

두 소녀가 커다란 나뭇잎을 모자처럼 쓰고 걷는 풍자개의 그림과 나비를 쫓는 토머스 케인즈버러(1727-1788)가 1755년에 그린 '화가의 딸들'이라는 그림과 유사한 이미지로 되어 있다.

어린 소녀에게는 깜찍하고 신비한 매력과 비밀이 있다. 그러한 앙증스러운 매력의 존재 둘이서 손을 잡거나 팔짱을 끼고 가면 더욱 더 사랑스럽고 아름답게 보인다. 어린이들 그림을 많이 그린 것 자체가 어른들이 만든 세계의 추함과 악랄함을 잠시라도 잊기 위한 것이었다면 동화의 세계는 또 다른 무릉도원이었을 것이다.

어린이의 천진난만함과 새로운 것에 대한 탐구성을 나타낸 그림들이다. 치약을 몽땅 짜내어 못쓰게 만들던지, 만년필의 잉크를 책 위에 뿌려서 엉망으로 만들던가, 물을 여러 컵에 부어 분수처럼 나오게 하려다 책과 책상을 다 버리든지, 이 모두 집안을 어지럽히는 행위이고 어머니가 봤으면 혼쭐이 날 일이다.

이상하게 생긴 용기 안에 무엇이 있는지 손을 넣어본다든지, 만년필의 잉크를 종이에 짠다던지, 그릇에 담긴 물을 분수처럼 불어서 책을 다 버린다던지 등등 어떤 행동을 하던지 어린이의 표정은 진지하기 그지없다. 어른의 입장에서 보면 물건을 부수고 집안을 어지럽히고 엉망으로 만드는 일이지만, 어린이의 입장에서는 물건을 이해하고 세상을 알기 위한 필수적인 행동이다. 이런 행위를 통해 창의력이 향상되는 것이다. 이 모든 행동들을 하는 어린이를 풍자개는 快樂的 勞動者라고 했다.

단지 이러한 행위가 어른들의 이해관계와 상충될 때가 문제인 것이다. 풍자개 같은 아버지는 이러한 행위의 의미를 충분히 이해하며 최대한 참아주고 배려해 줄 것이다. 그러나 세상 모든 아버지들이 그런

아량을 지니고 있지는 않다. '研究', '快樂的 勞動者'라는 호칭 등이 어린이의 행동에 대한 긍정적인 인정을 뜻한다.

어릴 때는 필요한 것도 많다. 눈에 보이고 귀에 들리고 혀로 맛본 것은 다 가지려고 한다. 다른 아이가 가진 물건을 달라고 할 때도 있고 돈도 없이 풍선을 달라하고, 심지어 하늘의 달도 따달라고 한다.

어른들이 줄을 서 있고 광주리에는 먹을 것이 담겨있다. 어른들이 정신이 없는 사이 어린이가 장사꾼의 물건을 집으려 하고 있다. 어린아이는 훔친다는 생각없이 좋아하는 물건은 무조건 가지려할 뿐이다. 이러한 특성을 풍자개는 '可愛的盜賊'이라는 제목으로 잘 표현했다.

헝겊으로 동물의 머리가 싸여있고 두 아이가 손가락질을 하며 박장대소하고 있다. 동물의 허둥대는 것을 보고 좋아한다.

大자와 中자를 팔과 몸으로 만들고 있다. 놀이를 통한 학습을 하고 있다. 어린이들의 놀이를 얼마나 가까이서 관찰했는지 짐작이 가는 그림이다.

두 어린이가 울고 있는데 '이부 합창'이라는 제목을 붙여놓았다. 원하는 대로 안 되면 아이들은 울면 된다. 어린이의 울음은 어른의 그것과 판이하게 다르다. 아무 이유도 없이 옆의 아이가 울면 따라 우는 경우도 있고, 주의를 끌기위해 우는 경우도 있다. 어쨌든 그 울음이 끝나면 그걸로 끝일뿐, 그 여운이 오래가지 않는다. 어른들은 슬퍼도 잘 울지 않지만 울고 나서도 그 여한을 오래 간직한다. 어린이들은 별것 아닌 이유 때문에도 세상이 떠나갈 듯이 울기에, 그 속에는 다분히 희극적인 요소도 있다. 이러한 사실을 잘 알기에 풍자개는 제목을 '이부합창'이라고 했다.

다음 그림은 어린이의 이중성을 나타냈다. 어른의 보호를 받으면서 또한 자기는 인형을 보살피고 아끼는 여자아이의 특성을 이중인격이라 했다. 또 왼쪽의 어머니는 아기를 안고 있고 오른 쪽의 아이는 인형을 안고 있는 그림의 제목이 '權利와 義務'이다. 이중인격은 어른들에게는 상당히 부정적인 단어이다. 그 단어가 어린이에게 적용되니 묘한 웃음을 짓게 만든다.

풍자개는 짧은 단어 구사에서도 탁월한 재능을 선보인다. 부정적인 단어를 전혀 맥락이 다른 상황에 사용함으로써 묘한 반향을 일으키며 새로운 뉘앙스를 풍겨준다.

II. 어른 세계의 모방

1. 매복

'埋伏'이라는 제목의 그림이다. 걸어오고 있는 아이들 눈은 그려지지 않았다. 숨어있는 아이는 회초리를 들고 있다. 갑자기 놀라게 해줄 심산으로 숨어있다. 매복하고 있는 아이에겐 눈, 코, 입이 다 그려져 모든 상황을 다 파악하고 있다는 뜻이고 모르고 오는 어린이들은 눈이 없다. 앞쪽의 작은 아이만 입이 그려져 멍한 상태에서 오는 것 같고 뒤쪽의 어린이는 눈, 코, 입 모두 없다.

매복한 아이: 눈, 코, 입
매복을 모르는 아이들: 눈 없음

2. 小交易

세 아이들이 서서 무슨 이야기를 하고 있다. 작은 두 어린이는 먹을 것을 들고 있고, 큰 남자 어린이는 어깨에 길다란 막대기를 걸치고 돈을 받으려 하고 있다. 큰 아이가 먹거리를 파는 광경이다. 그야말로 소규모 교역이 이루어지고 있는 것이다.

3. 密約

나무가 바람에 휘날리고 있고 집 옆에서 두 아이가 서 있다. 큰 아이가 작은 아이 어깨에 손을 얹고 모종의 협약을 하는지 소곤거리고 있다. 이것은 제목이 '密約'이다.

4. 罷工

두 아이가 흙으로 무엇을 만들다가 무엇 때문에 토라졌는지 작업을 중단하고 화난 얼굴로 서 있다. 심각한 문제가 벌어진 것이다. 풍자개는 이것을 '罷工'이라고 명명했다. 이것도 일종의 파업인 것이다.

5. 사랑 이야기

나무줄기가 길게 드리워져 있고 여자아이와 남자아이가 등장한다. 여자 아이는 꽃을 들고 두 팔을 벌리고 있고 남자 아이는 대나무를 말처럼 타고 여자아이 쪽으로 가고 있다. 여자아이 옆의 테이블에는 남자와 여자 인형이 있어 마치 소규모 결혼식 준비라도 하는 것 같다. 기사이야기나 영화 “Pretty woman”[7]에서처럼 백마 타고 공주에게 가는 흉내를 내는 것이다. ‘郎騎竹馬來’라고 쓰여져 있다. 사랑 놀이도 어른들 하는대로 흉내를 낸다.

7. 이 영화에서는 리처드 기어가 지붕에 구멍 뚫린 하얀 리무진을 타고 쥴리아 로버츠에게로 간다.

III. 교육제도 비판

풍자개처럼 고매한 식견을 가진 사람일수록 인간이나 자연의 아름다움을 더 생생하게 느낀다. 어린이들의 천성이 얼마나 아름다울 수가 있고, 아동기가 얼마나 경이에 찬 시기인지 생생하게 알고 있다. 그런데 그런 천사같은 아이들을 딱딱하고 획일적인 교육의 틀에 집어넣는 것에 대하여 충격을 받지 않을 수 없는 것이다.

자연스럽게 뛰놀며 자기 개성을 발휘해야 할 아이들을 억지로 잡아다가 교육시킨다. 여기에 예외는 없다. 꼭 그 틀에서 벗어나고자 하면 그 사회에서는 이미 아웃사이더인 것이다. 물론 정규 교육을 받지 않고 성공하는 사람도 있지만 그 수는 그리 많지 않다. 부모와 교사에 의해서 강압적으로 교육을 받아야 된다.

사람의 능력은 무궁무진한 것이다. 그런데 단지 몇 가지의 과목과 몇 가지의 측정 방법으로 우열반을 나누고 성적을 매긴다. 각 개인의 다양성을 키울 수 있는 여건이 아쉬운 것이다. 어른들의 기준에 따라 짜여지고 정해진 틀에 아이를 끼워 맞춘 "판에 박힌 교육"이 될 수 밖에 없다. 그것을 그림으로 나타내면 정확하게 다음과 같은 모습이 될 것이다.

인간의 능력이란 것은 각자의 개성과 소질에 따라 천차만별의 형태로 나타날 수가 있다. 그러나 학교 교육 특히 풍자개 시대의 교육은 천편일률적이고 획일적인 모양으로 "학생을 빚어내는 것"과 같았다. 그 와중에 각 개인의 천재적 능력이나 색다른 개성은 사장되고 만다. 이러한 사실도 풍자개는 그림으로 잘 나타냈다.

선생님의 강의도 학생들의 능력과 상황에 따라 달리져야 한다. 그러나 매너리즘에 빠져 10년 전, 20년 전에 한 강의와 똑같은 내용을 녹음기 틀듯이 하기도 하는데 다음 그림이 그 예를 잘 보여준다. 그 당시로는 상당히 최신형인 포터블 축음기가 선생의 머리에 놓여져 있다. 축음기 위에 똑같은 레코드 판이 돌아가듯이 동일한 강의를 한다는 뜻이다. 집단적인 교육에 문제가 많다는 것은 누구나 알고 있다. 현재 한국에서는 엄청나게 돈이 많이 들어가는 자녀 교육 때문에 부모의 노후문제, 집안 전체의 안정성까지 위협을 받고 있다. 그 문제점에 대하여 많은 사람들이 공감을 하고 있다. 그 복잡한 문제에 대하여 풍자개는 간단한 그림만으로 명쾌한 지적을 하며 많은 것을 느끼게 해준다.

Ⅳ. 인간성 비판

풍자개 자신이 어머니의 보살핌과 사랑을 한껏 받으면서 자랐기에[8] 그의 그림에도 어머니의 사랑과 관련된 내용들이 많이 나타난다.

다음 이미지는 어머니들이 각자 자신들의 보물인 아기를 안고 담소하는 광경이다. 그러나 세상에 좋은 어머니만 있는 것이 아니라는 사실을 풍자개도 잘 알고 있다. 아기 기저귀를 아버지가 갈고 있는데, 어

8. 풍자개의 어머니는 남편이 죽고 난 뒤 어려운 여건 속에서도 아이들을 훌륭하게 키웠다

머니는 옷을 멋지게 차려입고 핸드백을 들고 나가고 있다. 춤추러가는지 사교모임에 가는지 아이와 남편의 상황에는 전혀 신경쓰지 않는다. 제목이 '兼母的父'이다.

아이들의 세계에도 경쟁, 폭력, 암투, 질투가 있지만 풍자개는 좋은 쪽만 본다. 그 당시 사회에 저속한 인간들이 너무 많고 인간의 포악함의 끝이 어딘지 모를 때였기에 풍자개는 더욱 더 어린이의 순수한 세계를 탐닉했다.

비스킷을 서로 가지려고 두 아이가 다투고 있다. 戰爭的起源이라는 제목이 말해주듯이 모든 싸움의 근원이 소유욕, 이기심 때문이다. 지금은 과자 때문이지만 나중에 어른이 되면 영토, 막대한 재산, 아름다운 미인 등 때문에 싸우게 된다.[9]

◆丰子恺漫画《仓皇》

일본의 중국 침략으로 풍자개도 엄청난 피해를 입었었다. 무차별 공중 포격으로 수많은 사람들이 죽고 문화재가 파괴되었다. 풍자개도 가족들과 고향을 떠나 오랫동안 피난생활을 했다고 한다. 1937년 11월 식솔들을 데리고 피난길을 떠나 5개 성을 지나고 6천여리의 길을 걸으며 1946년이 되어서야 피난 생활을 끝내고 항주로 돌아왔다. 전쟁

9. 풍자개는 "애들 놀이"에서 "아이 대 아이가 교류하는 경우에는 이치를 따지지 않고 무력으로 서로 때리는 것이 통하며, 국가 대 국가의 경우에도 역시 이치를 따지지 않고 무력으로 전쟁하는 것이 통한다. 하지만 군자는 말로 해결하고 소인은 주먹으로 해결하는 법." 국가간의 무력 전쟁은 어떤 면에서 "애들 놀이와 비슷하지만" 애들 놀이가 훨씬 명쾌하다고 피력했다.

으로 참혹한 경험을 했던 풍자개는 다음 그림을 그린다. 일본 패망 소식에 기뻐하는 사람 모습의 '百年笑口我回闊'라는 그림이다.

풍자개는 어른들의 불행의 원인이 어린아이 때의 순수함과 선함을 상실했기 때문이라고 본다. 따라서 아동기는 한 시기로 끝나는 것이 아니라 어른들이 다시 찾고 회복해야 할 덕목의 시기로 보았다.

일생동안 모든 생물 심지어 무생물까지 사랑하고 불교에 입문한 후에는 부처님의 가르침에 따라서 살려고 한 풍자개도 문화혁명기간 동안 박해를 받는다. 古詩와 新畵로 폭탄을 제조했다는 비판, 그의 작품이 반 공산주의 색체를 띠고 있다는 글귀가 쓰여져 있다. 온 우주를 사랑하고 이타적으로 살았던 인물까지 문화혁명은 깔아뭉개 버렸다. 수많은 중국의 문물과 위대한 인물들이 문화혁명 기간 동안 사라졌다.

인간성의 잔악함을 아동 그림에서도 나타냈던 풍자개 자신도 인간들에 의해서 유린되었었다. 潘天壽 같은 노화가도 문혁 때 집이 수색당하고, 진귀한 물건들이 약탈되고, 계속적으로 구타를 당하여 오줌에 시뻘건 피까지 섞여 나왔고 결국 죽게 되었다.

풍자개는 1966년 누명을 쓰고 1975년 9월 15일 상하이에서 생을 마감했다. 암울한 시기에도 풍자개는 작품 활동을 멈추지 않았고 때가 되면 그것들이 발표될 수 있을거라 믿었다. 그가 죽었을 때 참혹한 환경에서 비슷한 경험을 했던 상해 화원의 예술가들이 깊은 애도를 표했다. 그의 사후 1978년에야 드디어 누명을 벗게 되어 그의 유해는 上海龍華革命共同墓地에 이장되었다.

V. 사회 풍자

1. 制服 : 非制服

조국 사람들의 비참한 면모에 가슴 아파했던 풍자개는 미래의 어른들인 아이들을 그리면서 사회비판과 인간성 비판을 했다. 다음 그림에서 중국 국기를 중심으로 학교에서 학생들이 선생님 지도 하에 놀

이를 하고 있다. 학생들은 유니폼을 입고 있는데 남루한 옷을 입은 두 아이가 지나가고 있다. 큰 아이가 놀이 광경을 쳐다보는 작은 아이를 어깨동무를 하고 데려가고 있다. "沒有制服的 兩兄弟"라는 글이 적혀져있다.

큰 아이는 작은 아이에게 "기분 나쁜 광경은 볼 필요없다."는 식의 태도를 취하고 있지만 얼굴은 착잡한 심정으로 일그러져 있다. 이 그림에서 국기는 국가의 보호라는 의미가 있다. 즉 소외 계층은 국가의 보호도 제대로 받지 못한다는 메시지인 것이다. 어린이들이 원을 이루고 있다는 사실도 의미심장하다. 남루한 옷의 두 어린이는 이 원 밖에 있는 것이다. 그 원이 국가의 보호영역, 소외 구역 등을 경계지우는 역할을 상징한다. 간단한 선 몇 개로 큰 아이의 울적한 마음이 잘 표현된 것이 놀랍다.

	제복	비 제복
국기 :	국가의 보호	국가의 보호 희박
선생님 :	지도	지도 없음
원 :	조직	원 바깥 : 조직 바깥 : 아웃사이더

2. 인력거 타고 가는 사람 : 인력거 끌고 가는 사람

인력거를 끌고가는 어른과 인력거를 타고가는 어른이 바라보는데, 남루한 옷과 좋은 옷을 입은 두 학생이 지나가고 있다. 이 그림은 사회 계층의 양극화, 계층의 세습을 말한다. 지금은 두 아이가 걸어가지만 미래에는 앞의 어른들처럼 사는 모습이 달라질 것이다.

부자 아버지 : 타고감

두 아이 : 걸어감 —— 성장 ——→ 가난한 아버지 : 걸어감

3. 고아원

고아원에 한 아이가 들어가는데 부유한 계층의 부모가 아이와 걸어오고 있다. 부유한 집의 아이는 부모가 양쪽에서 손을 잡아주고 보살피는데, 고아는 혼자서 고아원에 들어가다가 물끄러미 뒤를 돌아다본다. 고아는 한 손도 잡아줄 사람이 없다. 고아의 뒷모습과 사랑받는 아이의 앞 모습이 대비된다. 영화에서도 쓸쓸한 장면을 비출 때는 뒷모습, 당당한 장면은 앞 모습을 비춘다.

부유한 아이	고아
사랑	사랑 못받음
경제력	경제력 없음
안정	불안정
보살핌	보살핌 없음
인정받기	인정 못받음
앞모습 : 당당함	뒷모습 : 쓸쓸함

4. 유모차와 사다리

아이들의 환경도 다양해서 어떤 아이는 비싼 유모차를 타고 가는가 하면 어떤 아이는 사다리를 타고 간다. 어쨌든 타고 가는 것은 동일하다. 부유한 아버지의 팔에는 옷인지, 목도리인지 들려져 있고 가난한 아버지의 손에는 통이 들려져 있다. 유모차 위 아기의 이목구비는 그려지지 않았는데 사다리 위의 아기는 그려져 있다. 부유한 계층의 부모의 눈도 그려지지 않았다. 부유한 아버지의 눈이 그려지지 않은 것과 가난한 아버지의 눈이 그려지지 않은 것은 그 성격이 다르다. 부유한 부모는 세상일에 별로 신경을 안 써도 살 수 있다.

그러나 없는 사람은 항상 모든 것을 잘 살피고 신경을 서야 살 수 있다. 가난한 아버지의 눈이 안 그려진 것은, 돈 벌 일과 해결해야 될 문제 때문에 아이에게만 정신을 쓸 수가 없어 무작정 걷고 있다는 뜻이다. 따라서 가난한 아이는 안 떨어지려면 자리를 잘 잡고 주의를 기울여야 한다.

부자 부모의 눈 없음	가난한 아버지의 눈 없음 : 볼 겨를이 없음
부자아이의 눈 없음	가난한 아이의 눈 : 혼자서 다 살펴야함

5. 求乞練習

제목이 練習이다. 어릴 때부터 구걸을 연습해서 습관화되어 평생 이어진다는 뜻이다. 이것도 헤어나올 길 없는 소외 계층의 아픔을 말해준다. 가장 어린 중간의 아이는 눈, 코는 없고 입만 있다. 아직 어리기에 자의식이나 체면은 없고 배고픔에만 정신이 쏠려 무의식적으로 구걸을 한다는 뜻일 것이다.

어린아이의 없는 눈 : 자의식, 체면의 부재

6. 마지막 키스

이 그림의 제목은 '마지막 키스'로 아이를 키울 능력이 없는 가난한 여인이 자신의 아이를 고아원에 맡기는 장면이다. 아기를 고아원에 맡기며 마지막으로 껴안고 뽀뽀를 하는 어머니의 심정이 어떠했을까? 고아원 담 벼랑에는 강아지 두 마리가 이미 개의 몸에 기대어 젖을 빨고 있다. 고아원에 맡겨지는 아기는 이제 더 이상 친어머니의 젖을 빨 수도 없고 어머니와 영영 이별해야 한다. 아기가 강아지보다도 못한 처지인 것이다. 이 당시 중국 사회의 비참한 인간 현실이 이 만화 한 컷에 여실히 드러난 것이다. 1930년 대 초 상하이의 한 신문에 실렸던 이 그림의 영향은 실로 지대했었다. 많은 사람들이 이 그림을 보고 눈물지었다 한다.

인간 : 아기를 포기　　　　동물 : 새끼를 돌봄

다음 그림에서도 개는 자가용을 타고 가고 있고, 인간은 짐을 지고 가거나, 무거운 수레를 끌고 또 밀고 있다.

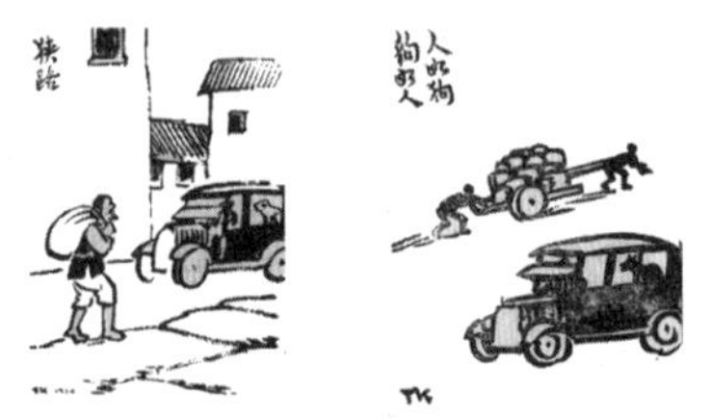

이런 어려운 상황이 한국의 오지호가 1939년에 그린 '남향집'에도 나온다. 오지호(1905-1982)는 한국의 대표적인 인상주의 화가로서 1905년 전남 화순에서 출생했다. 고종 임금의 장례식에 갔다 온 아버지가 목을 매고 죽은 후 집안이 어려움에 직면했었다.

오지호는 21살 때 동경미술학교 서양화과에 입학하여 처음으로 인상주의 그림을 보았다. 귀국하여 한국적 인상주의 확립에 기여하였고 1939년 송도고보 미술실에서 민족의식을 고취시키는 미슬 교육으로 일본 헌병대의 감시를 받았다.

오지호 남향집 1939

이 그림의 빨간 옷을 입은 여자 아이는 오지호의 둘째 딸 금진이이고, 개는 집에서 키우던 삽살개였다. 이 그림을 그릴 당시에도 오지호는 일본 사람들로부터 압박을 받으며 괴로운 생활을 영위하고 있었다. 그림 속의 여자아이는 무기력하게 보이고 눈, 코, 입도 없다. 무엇을 하려고 하는지 의도도 불분명하고 생기가 없어 보인다. 삽살개도 무슨 이유인지 풀이 죽어 납작 엎드려 있고 개 특유의 명랑함이 없다. 개까지 이렇게 만든 이 집 전체의 분위기와 이유가 있는 것이다. 나무의 그림자가 유난히 강조되어 집을 덮고 있다. 남향집이어서 잘 비쳐지고 있는 햇빛이 만물을 감싸고 또 다른 도약을 위한 저력인 것처럼 축적되고 있지만, 생동감, 기백, 움직임이 없고 그림의 전체적인 분위기는 암울한 상태이다. 이 시대의 또 화가 개인의 아픔과 고뇌가 배어 있는 것이다.

VI. 어른을 위한 교훈

평범하고 단순한 것 같은 일에 교훈이 들어있는 그림들이다. 한 아이가 지팡이가 창틀에 걸려 안 빠지니까 울고 있다. 어른들의 입장에서는 저 지팡이만 조금 올리면 되는 데라고 생각하겠지만 아이에게는 전체적인 조망이 안 된다. 또 한 아이는 개가 먹을 것을 빼앗으려고 하니까 울고 있다. 어른이 보기에는 별 것도 아닌 것 때문에 운다고 하겠지만 이것 역시 아이에게는 심각한 문제인 것이다. 신이 보기에는 어른들도 중요하지도 않는 것에 목숨을 걸기도 한다.

1. 난관

아이가 책상 위의 물건을 탐내다가 의자가 뒤로 자빠져서 책상에 대롱대롱 매달려있다. 이것도 어른이 볼 때는 웃음이 나올 일이나 아이에게는 엄청난 난관이고 심각한 일이다. 그러나 어른은 의자를 일으켜주거나 아이를 달랑 내려놓음으로써 순식간에 해결할 수 있다.

보통 어른들은 너무나 얼토당토 않는 행동으로 위험을 자초하고, 또 문제를 해결할 방법이 있는데도 당황하여 쓸데없이 허둥대거나 또 한 번 어리석은 선택을 한다. 어린이들이 별것도 아닌 것 때문에 운다고 생각하는 데, 어른들도 사소한 일에 목숨을 걸고 애를 태울 때도 많다. 어른들의 문제도 賢者는 간단하게 해결될 수 있다.

2. 지혜

어린이도 때로는 놀라운 꾀로서 문제를 해결하기도 한다. 책상 위에는 맛있는 과일이 놓여있고 서랍이 단계적으로 열려있다. 책상 서랍이 계단 역할을 하여 차례차례 밟고 올라가서 어린이가 목적한 것을 안전하게 획득한다. 바라보고 울기만 하는 것이 아니라 놀라운 기지로 욕구를 해소하는 어린이도 있다.

3. 두 세계

건물의 1층과 2층의 경계가 그림을 상하로 나누고 있다. 아래 층에서는 어른 두 사람이 싸우고 있고, 한 여자가 말리고 한 남자는 수수방관하고 있다. 위 층에는 난간이 있고 그 너머로 남녀 아이가 꽃을 주고받고 있다. '兒童世界', '成人世界'라는 글이 적혀 있다. 즉 1층은 어른들의 세계이고 2층은 아이들의 세계라는 뜻이다. 아이들의 세계가 상층인 것은 싸우고 다투는 어른들의 세계보다 더 높은 수준이라는 뜻이다.

4. 풍자개의 소망

풍자개가 바라는 이상세계는 무엇일까? 아래 그림의 제목이 '襁負其子'(포대기로 그 아들을 업다.)이다. 바람에 나무가 사람들과 닭들 쪽으로 날려서 시선을 집중시키고 새들은 하늘 위에서 축복해 주고 있다. 사람은 아이를 업고 닭은 병아리를 업고 있다. 그야말로 땅에도 평화, 하늘에도 평화인 상태에서 동물, 사람, 식물 등 모든 것이 조화롭게 어우러져 사는 모습일 것이다.

VII. 언어적 조형적 기법

풍자개가 아동화를 그리는 기법은 언어와 그림의 두 가지 면에서 살펴야 한다. 언어적인 면은 그림의 제목이나, 그림에 덧붙어 나오는 글귀들이다. 아동화에 나오는 제목이나 글들은 풍자개의 천재성을 잘 보여준다. 어린이의 장난을 '硏究'라 지칭하고, 구걸행위를 '練習'이라는 제목으로 정했다. 어린이들의 무궁무진한 호기심과 탐구열이 '연구'라는 제목 하에 그림내용을 전달하면서도 근엄하고 학구적인 느낌의 단어가 어린이들의 장난에 적용됨을 해서 묘한 웃음을 자아낸다. 어린이의 특성과 자질을 인정하는 의미를 담고 '快樂的 勞動者'라는 그림에서도 어린이의 놀이를 역시 어른의 관점에 유우머를 덧붙여 제목을 정했다. '전쟁의 기원'에서는 얼핏 보면 지나치게 과장된 단어같으나 곰곰 생각하면 그 숨겨진 의미가 드러난다. '연습'에서는 어린이의 천진성, 습관의 무서움, 반복 효과의 속성, 어른으로의 전개과정 등을 나타냈다. "이중인격"이라는 세속적이고 이해타산적인 의미의 단어가 천진난만한 어린이에게 사용될 때 부정적인 여운과 함께 다중적이고 묘한 미소를 띄우게 만든다. 두 어린이 자신들에게는 절박하고 중요한 욕구가 관철되지 않았기에 터뜨리는 우렁찬 울음에 '이부합창'이라는 제목이 유머스러운 분위기를 만든다.

조형적 기법에서는 협소한 지면에 간단한 몇 개의 선, 형태, 눈, 코, 입 등의 생략, 면 분할 등으로 강력한 효과를 유발시킨다. 유니폼을 입고 운동을 하는 장면에서는 국기가 가진 상징성에 아이들이 만든 원의 조형적 효과가 조직과 조직의 바깥을 단적으로 보여준다. 고아의 뒷 모습, 돌아보는 광경, 유복한 아이와 부모의 앞모습 등이 적절히 조화되어 애절한 분위기를 나타낸다. 교육제도 비판에서는 무지막지한 큰 손이 어린이들 위로 다가가는 광경, 고정된 틀에 어린이를 끼워 맞추거나, 똑같은 인형을 빚어내는 것, 축음기에 같은 판 돌아가는 것 등이 시각적 조형적 효과를 창출한다. 즉 교육의 문제점과 참상을 적나라하게 보여준다. 간단한 그림들 속의 표현력이 놀라운 수준인 것이다. 그 옆에 쓰인 '親', '師', '教育', '某種教師' 라는 단어들이 아이들이 현실에서 겪는 어려움을 생생하게 알려준다.

그의 그림에서 눈, 코, 입은 여러 가지 상황에서 다양한 역할을 한다. 특히 눈은 그림의 핵심주제를 부각시키는 가장 중요한 요소 중의 하나이다. 눈의 유무와 형태에 따라 많은 사항들이 연계변형된다. 눈은 통찰력, 주체성, 체면, 지혜 등 여러 가지 의미를 지닌다.

눈과 관련된 그림 하나를 보자. "某父子"는 외국에 유학 갔다 온 아들과 아버지에 관한 그림이다. 아들은 서양식으로 치장을 하고 자기 옷과 지팡이를 들고 앞에서 걷고 있고, 아버지는 중국 옷에 보따리와 가방을 들고 있다. 가방은 모양으로 보아 아버지의 것이 아니고, 신사복을 입은 아들의 차람에 어울린다. 즉 아들의 가방을 아버지가 들어 주고 아들은 편안하고 우아하게 가는 것이다. 아버지의 남루한 복장으로 미루어보아 형편이 넉넉한 집안은 아니다. 아버지는 아들 유학 비용을 보내기 위해 온갖 고생을 다 했을 것이다. 그런데 그 아들이 돌아와 아버지를 봉양하기는 커녕 심부름꾼 대하듯이 한다. 아버지의 얼굴은 일그러져 있고 아들은 앞만 보고 걸어가고 있다. 그런데 이것이 전부가 아니다. 풍자개는 그림 속에 비장의 무기를 숨겨 놓았다. 아버지에게는 이목구비가 다 있고 아들에게는 없다. 남루한 중국옷을 입은 아버지는 이목구비가 다 있고 서양식 옷을 입은 아들은 눈, 코, 귀가 없다. 이것이 무엇을 의미하는가? 아들의 모습은 미군 모집 포스트에 나오는 Uncle Sam과 유사하다. 즉 아버지는 비록 고등교육을 못

받았고 형편이 넉넉하지는 않지만 아들을 위해 헌신하는 정상적인 사고방식을 가진 인간이다. 아들은 서양식으로 잘 치장했지만 자기를 위해 아버지가 얼마나 고생했는지도 모르고 기본 예의도 없는 속이 텅 빈 사람이라는 뜻이다. 게다가 중국인도 미국인도 아닌 주체성 없는 허깨비 같은 인간이라는 뜻이다. 풍자개는 이 그림에서 당시 사회 풍조에 경종을 울리고 또 잘못된 아들에 대한 조롱도하는 것이다. 따라서 풍자개는 선, 모양, 형태 등 간단한 요소로 심도 깊은 철학과 메시지를 전하기도 한다.

사다리를 타고 가는 아이 그림에서 안전한 유모차를 타고 가는 부자아이나 부자 부모는 세밀하게 살피지 않아도 되기에 눈이 없다. 가난한 아버지의 눈이 없는 것은 바쁜 사정 때문에 빨리 가야할 뿐, 주위를 제대로 볼 겨를이 없기 때문이다. 즉 눈이 없는 이유도 항상 같은 것이 아니다. 가난한 아이는 불안정하고 터덜거리는 사다리를 타고 가면서 잘 살펴야하니 눈이 필요한 것이다. '求乞練習'에서 가장 어린 아이의 눈이 없는 것은 아직도 구걸 행위에서 자의식이나 자격지심이 없기 때문이다. "埋伏"에서는 매복하고 있는 아이는 눈이 그려져 있고, 매복을 모르고 오고 있는 아이들은 눈이 없다. 이 때 눈은 통찰력, 직관이다. 이렇듯 풍자개는 간단한 이목구비만으로 심오한 철학과 적나라한 현실을 잘 보여준다.

VIII. 결론

풍자개의 아동화를 보면 얼마나 한없는 애정의 눈으로 어린이들을 자세히 오랫동안 관찰했는지 알 수 있다. 관찰된 것을 표현하는 능력에도 감탄하게 된다.

풍자개는 아동화에 어린이들에 관한 내용만 담은 게 아니었다. 또 순수하고 행복한 모습만 그린 것도 아니었다. 인간성 비판, 교육제도의 문제점, 사회의 구조적 모순, 조국의 난감한 현실 등 다방면에 대한 비판과 풍자를 아동화에 함축시켰다. 그 아동화에는 우리 주위에 있는데도 간과하고 지나갔거나 의식하지 못했던 사항이 기발한 재치로 표현되어 있다. 심각한 문제나 주제도 간단한 그림으로 잔잔하면서도 강렬하게 전달되는 것이 특징이다. 그 다양한 주제들이 어린이의 눈을 통해서 조명되기에 더 신선하고 충격적이다.

그는 중국의 전통적 화법에 현대적 기법을 사용하며 독창적이며 독보적인 그림을 그렸다. 또 그림만 그린 것이 아니라 글과 그림 모두를 사용하여 언어적 조형적 특성으로 작품의 효과를 배가시켰다. 선, 면, 특정 부분의 생략이나 강조 등 조형적 특성으로 놀라운 표현력을 발휘했다. 또 전혀 상반되는 맥락에 특정단어 사용, 단어의 이중적 특성, 간단한 단어의 교묘한 사용 등으로 단순한 그림을 심도 깊은 회화로 만들었다.

그가 살았던 시대의 아픔이 컸던 만큼 어린이들의 천진성과 자연스러움을 한없이 동경했고, 간단한 아동화를 통하여 개인적 아픔과 시대적 문제들을 다중적이며 다의적으로 표현했다.

풍자개 그림 속의 생명관

풍자개 그림 속의 생명관

豊子愷는 청나라 말기의 부정부패, 신해혁명, 일본 침략 등의 전란과 고난 속에서도 희망을 잃지 않고 관조와 여유를 견지하며 살았다. 자연, 아동, 일상, 전쟁, 사회 문제 등 다방면에 관한 글을 쓰고 또 그림[10]을 그렸다. 작가이면서 음악, 미술,[11] 번역, 예술 비평 등 다양한 활동을 펼쳤다. 적박한 환경에서도 은유적, 선의적 유머와 해학을 지니고 반드시 밝은 날이 올 것이라는 신념을 놓치지 않았다. 보통사람들도 쉽게 이해할 수 있는 단순한 그림으로 세상사, 인간사를 풍자, 묘사했다.[12]

10. 풍자개는 傳統文人畵의 思議精神에서 출발하여 자신의 藝術精神과 審美思想을 漫畵를 통하여 구현하였다.『문화사학』, 23권 (2005.) p.177, 조정래, 〈풍자개(豊子愷)의 예술창작과 그 미학사상 연구〉,

11. 1921년 전후 밀레에 관한 서적이 일본에 범람했는데, 풍자개는 일본 유학 후 1924년 1월『동방잡지』에 "화가 밀레의 인격과 그 예술"을 발표했다.

12. 문인화의 고아한 전통과 소재는 대중적으로 다가가기에 한계가 있었기에 만화, 조소, 도안 등이 필요한 시기였다. , 앙소군 지음, 김상철 역,『중국 근현대 미술』, 시공아트, 2006, p.25.

평화시에도 모든 것에 애정을 품고 관찰하던 풍자개는 전란을 겪으며 더욱 더 생명에 대한 관심과 관찰을 고조시켰다. 그의 우주만물에 대한 사랑과 생명관은 보편적인 상상을 초월한다. 그는 인간의 잔학성과 무한한 욕심에 의해 고통받으면서도 시적 정취와 서정성으로 끈질기게 내실있는 작품들을 제작했다.[13]

본고에서는 풍자개 그림들 중 생명에 관련된 그림들을 수집 연구하여 그중 가장 특징적인 작품들을 골라 분석하고자 한다. 이 작업으로 생명체와 생명에 관한 그의 관점, 그림의 조형적 기법, 글과 그림의 사용 전략 등을 밝히고자 한다.

13. 홍승직, 〈풍자개(豊子愷)의 산문세계〉, 《중국어문논총》 34집, 2007, p.47

I. 생명 경시

풍자개가 살았던 시대는 결코 평화로운 시기가 아니었다. 일본의 중국 침략이라는 전화는 물론, 20세기 현대라는 시점의 조국에서 단지 지식인, 예술가라는 이유로 정신적, 육체적 고초를 겪기도 했다.[14] 그것이 문화혁명이라는 이름으로 외국에 알려지며 상당 기간 동안 그 실체와는 관계없이 미화되고 오도되기도 했지만 노년의 화가에게는 크나큰 고통이었다. 그 통한의 시련을 겪으면서도 그가 지탱할 수 있었던 것은 오래전부터 내부에 존재하고 있던 사랑과 박애정신 때문이었다.

14. 徐敬東.徐欣諱 著, 張俊哲譯,『중국대륙을 품어 화폭에 담다』(고래실 2002), p.278.

그의 유머와 위트를 보여주는 그림 하나만 관찰 해보자. 이 그림에서 강아지 때문에 여자가 목욕을 못하고 있다. 강아지는 창가에 앞발을 걸치고 고개를 내밀고 있다. 강아지는 옷 벗은 여자의 몸에 관심이 있어서가 아니라 그냥 쳐다볼 뿐인데, 여자의 입장은 그렇지 않다. 간단하지만 여자의 당혹스러운 모습, 강아지의 귀여운 모양이 잘 표현되어 있고 그 느낌이 생생하게 전해진다. 이 그림에 만일 큰 개가 등장한다면 희극적 요소는 거의 다 사라지게 된다. 그러나 아주 작고 귀여운 그러면서도 당돌한 강아지가 등장함으로써 유머와 위트가 넘치게 된다. 이 그림에서도 여자의 심리와 한계성, 상황에 따른 인간의 가변적인 행동 논리 등이 내재되어 있다. 어려운 상황에서도 유머를 잃지 않고 여유있는 작품을 제작할 수 있었던 것이 풍자개의 뛰어난 점이다.

풍자개는 1928년 불교에 귀의하는 의식을 통하여 스승 泓一法師에게서 영행이라는 법명을 받았다. 불교 승려가 된 이후에는 더욱 더 불교 철학에 따라 인생을 살았고 생명 존중은 그 근본 뿌리였다.[15] 여기부터 인간들이 무의식적으로 하는 살생이나 만행에 대한 그림을 살펴보자. 이 그림에는 제목 대신에 느낌표 3개만이 있다.

15. 풍자개는 홍일법사(泓一法師)의 호생자비심을 종지로 받들어, 홍일법사 50세(1929)부터 1집을 시작하여 46년 간에 걸쳐 도합 450편의 호생도를 남겼다.

한 남자의 구두 밑에 거미 한 마리가 있다. 그 구둣발로 땅을 밟으면 거미 한 마리가 죽는다. 우리가 무심코 걸어가는 행위에도 벌레들에게는 생사의 문제가 걸려있다.[16]

이 그림에는 한 여인이 손수건을 펼치고 있는데, "한 장의 비단 손수건을 위해 얼마나 많은 봄누에가 필요한가?"라는 글이 적혀 있다. 인간들이 손수건을 사용할 때는 그 효용가치만을 따질 뿐 그 이면에 어떠한 일이 벌어졌는지는 별로 상관하지 않는다.

한 남자가 침상에 누워있고 어디서 닭 우는 소리가 들리는 것 같다. 밤에 배가 고플 때는 닭 우는 소리를 듣고 즉각 김이 모락모락 나는 통닭 요리를 상상할 것이다. 이 장면에서는 촛불과 향 연기와 통닭 요리를 연상한다. 옆의 글에는 제야(除夜)라고 적혀있다. 즉 그 해의 마

16. 특정 종교 신도나 도인 스님들은 맨발로 조심조심 걸어다닌다. 특히 자이나교 신도들은 벌레를 삼키지 않으려고 마스크를 쓰고, 벌레나 곤충을 죽일까봐 농사를 짓지도 않고 살생과 상관없는 금융업에 주로 종사한다.

지막 밤이고 다음 날은 새해가 밝을 것이다. 보통 새해 첫날에는 제사를 지낸다. 이 남자는 닭 우는 소리를 듣고 조상을 기리는 제사상을 생각한 것이다. 사람의 사정에 따라 닭 우는 소리도 여러 가지로 해석될 수 있다.

'肉的香氣'에서는 개 앞에 맛있는 고기를 달아놓고 놀리는 광경이다. 개는 침을 질질 흘리며 괴로워하고 있고 사람들은 박장대소하고 있다.

그러나 웃는 사람들의 얼굴에 눈이 없다.[17] '獲笑'에서는 새들이 좋아하는 먹이를 뿌려놓고 짜릿한 희열과 전율을 느끼며 포획할 준비를 하고 있다. 이렇듯 인간들은 절대적인 필요에 의해서가 아니라 단지 유희나 오락거리를 위해서도 생물들을 괴롭히고 살생을 하기도 한다.

다음 그림에서는 두 사람이 낚시를 하고 있다. 그런데 걸상에 앉아 있는 사람은 머리카락이 하나도 없다. 스님인 것이다. 중국, 한국 등 북방불교에서는 육식 자체를 금하기도 한다. 그런데 스님이 다른 대안이 없어서 물고기를 잡아

17. 풍자개는 竹久夢二 그림의 기법을 모방했고, 竹久夢二는 네덜란드 화가 반둥겐의 창작기법을 모방했다. 죽구몽이의 인물들은 다수가 눈이 없는데, 풍자개도 가끔씩 상황에 따라 이목구비를 그리지 않았다.

먹는 것도 아니고 단지 유희를 위해서 낚시를 하는 것을 보고 풍자개는 대단한 비애를 느낀다.

인간들은 다른 생물들을 살생할 뿐만 아니라 인간끼리 살육 행위를 벌이기도 한다. 전쟁 속에서는 부모, 형제, 친구라는 개념도 말살시키고 살기 위한 투쟁과 이권 탈취 행위만이 범람하기도 한다.

전쟁의 와중에 흔히 인간들이 동물과 구분짓는 고귀한 이념이나, 정신적인 가치는 커녕 그 어떤 동물보다도 잔인하고 포악한 행동을

하는 것도 인간들이다. 다른 동물들의 소유욕은 한계가 있는데, 인간의 욕망과 이기심은 한도가 없다. 사나운 맹수도 배가 부르고 나면 더 이상 사냥을 하지 않는다. 그러나 인간들은 아무리 배가 불러도 끝없이 탐욕을 부린다. 또 본질적으로 보면 아무런 의미나 가치가 없는 이유 때문에 한없는 증오와 분노를 노출시키기도 한다. 그래서 풍자개는 "인간의 미움과 증오는 거미줄 같다."라는 내용의 그림을 그리기도 했다.

풍자개는 평온할 때는 물론, 전쟁을 겪으며 여러 가지 고난에 직면해서도 미소를 잃지 않고 인간의 위대한 정신과 사랑을 믿으려고 애썼다. 다음 그림들에서 인간 속에 숨어있는 아름다운 마음과 보편적인 사랑을 나타냈다.

II. 생명 존중

이 그림은 살생을 방지하는 사람들의 행동을 그린 것이다. 주인이 손님 접대를 위해 닭을 잡으려하니 손님들이 살생을 만류한다. "客人忙攔阻"(손님들이 급히 화를 내고 막으며) "我今天吃素!" (나는 오늘 간소하게 먹겠어요!)라고 한다. 흔한 닭 한 마리 잡는 것도 예사로 넘길 일이 아닌 것이다

다음 그림에서 주인이 소를 잡으려하니 소가 눈물을 흘리며 목숨을 구걸하고 있다. 주인은 그 광경을 바라보며 상념에 잠겨있다. 한 아이

가 어른이 닭을 잡으려는 것을 말리고 있다. 아마도 부자지간인 것 같다. 이렇듯 인간들의 습관화된 행위도 때로는 재고되어져야 하고, 그 필요성의 정도도 철저하게 따져봐야 한다.

한 여인이 새장의 새를 날려 보내고 있다. 또 한 남자가 새끼 새들이 떨어진 것을 본래의 둥지에 올려주고 있다. 한 노인이 물고기를 방생하고 있다.

아래의 두 그림 모두 나비의 무덤을 만들어주는 광경이다. 두 아이가 곡괭이를 동원하여 무덤 주위에 나무를 심어주고 묘비까지 세웠다. 나비 무덤 만드는 광경만을 여러 번 그리는 것도 흔한 일이 아니다.[18]

위 그림에서는 기러기의 무덤을 만들어주고 양 옆에는 나무를 심어 원형으로 조경을 했다. 기러기 무덤 위에는 화분이 놓여있다. 인간의

18. 나비 무덤 그림만 3 번 이상 발견된다.

무덤에도 이 정도 정성을 들이는 것이 흔하지 않다.

아래 왼쪽 그림에서는 어른과 남자 아이 한 명, 여자아이 한 명이 걸상을 나르고 있다. 밑에는 개미들이 떼를 지어 행진하고 있다. 장마가 올 경우를 대비하여 개미들이 비를 안 맞도록 준비를 하고 있다. 아래 오른 쪽 그림에서는 곡식을 말리고 있는데 새들이 곡식을 쪼아 먹어도 그대로 보고있다. "흉년이건 풍년이건 새와 쥐가 오는 것을 막지마라는 글"이 적혀있다.

이 그림에는 “원앙을 위해 연꽃 두 개를 남겨둠”이라는 글이 적혀있다. 연꽃도 함부로 해하지 않는 것은 물론 다른 새의 보금자리로 남겨놓아야 한다는 것이다. 원앙새는 암수 간에 사이가 좋은 것으로 알려져 있다. 원앙새 한 쌍의 행복과 안녕도 인간들이 신경을 써야하고 고려를 해야한다는 뜻이다.

사람들은 걸어가면서 자기 앞에 늘어진 나뭇가지들을 예사로 자르고 꺾어 버린다. 그러나 그 가지 하나하나들도 귀중한 생명이다. 아래 그림들에서는 “대나무도 함부로 자르면 안 된다.”, “나뭇가지도 마음대로 잘라서는 안 된다.”고 적혀있다.

III. 동물들의 생명 존중

동물들이 인간이나 다른 동물의 보살핌을 받거나 은혜를 입는 등 신세만 지거나 받기만 하는 게 아니다. 동물들도 자신들의 몸을 던져서 다른 생물들을 구하거나 돕기도 한다.

돼지를 죽이려고 발을 묶어놓고 사람이 잠시 자리를 비운 사이, 개가 칼을 물고 숨기기 위해 가고 있다. 두 마리의 새가 총에 맞아 떨어지는 새 한 마리를 양쪽에서 물어 구하고 있다. 총을 든 사냥꾼은 물끄러미 바라보고 있다.

인간들은 동물들을 무지막지한 개체로만 여기고 하잖게 보기 일쑤지만 동물들에게도 인간들이 모르는 여러 가지 능력과 재주가 있는 것이다. 실제로 돌고래 무리들이 죽어가는 돌고래 주위에 모여 살리려고 애쓴다든지[19], 사자에게 습격 받는 어린 사슴을 하마가 구하고 끌어올려서 살리려고 애쓰는 광경, 어린 코끼리를 여러 코끼리가 구출하는 광경[20], 사자에게 습격받은 물소를 코끼리가 구한다든지 등의 모습이 인터넷이나 사진으로 소개되고 있다.[21]

19. yahoo 2008,10,28.
20. naver 2009,1,30.
21. daum 2008,7,28.

아래 왼쪽 그림은 나귀가 주인을 위해 죽는 그림이다. 어떤 이유 때문인지는 적혀있지 않다. 아래 오른 쪽은 원앙이 이미 죽은 짝을 따라 스스로 요리 냄비로 돌진한다는 내용이다.

주인이 죽고 난 뒤 개가 따라서 죽거나, 전장에서 용사가 죽자 그 말이 따라서 죽는 이야기도 적지 않게 전해진다.

첫 번째 그림에서 먹을 것이 부족할 때 부모 양들이 새끼들만 먹이니, 늙은 양은 마르고 어린 양은 살쪄있다. 두 번째 그림에서 짐승이 새끼를 떠나보내며 마음 아파하고 있다. 세 번째 그림에서 새끼들을 떠나보낸 어미 새가 슬퍼하고 있다. 네 번째 그림에는 새끼 개들이 죽은 어미 개의 뼈를 모아서 묻고 있다.

이 그림들 모두 인간들이 동물을 예사로 생각하는데 비하여, 동물들에게는 일반 사람들이 생각하는 것보다 훨씬 더 영묘한 점이 있고, 그들 나름대로의 혈육의 정[22] 등 놀라운 세계가 있다는 것을 보여준다. 다음 왼쪽 그림에서는 나이 어린 소녀가 길을 잃어 부모들이 찾아나섰는데 그 동안 개가 소녀를 보살피고 돌본다는 내용이다.[23] 오른쪽 그림에서는 소가 물 속에서 사람을 끌어 올리고 있다. 사람은 소 꼬리를 잡고 목숨을 구한다. 소도 물의 위험을 알고 죽음이라는 것을 알기 때문일 것이다.

22. 송아지를 팔려고 하면 어미 소는 미리 알고 눈물짓고, 송아지가 팔려간 뒤에도 어미 소는 한동안 괴로움 속에 지낸다고 한다.
23. naver, 2009,3,1. 러시아에서 알콜 중독에 빠진 어머니 대신 개들이 3살 짜리 소녀를 3년 간이나 보살폈다는 보도가 나왔다. 인간 사회가 혼탁해지고 인간들이 존엄성을 잃어가는 시점에 동물들이 오히려 고귀한 면을 보인다.

이 그림들에서는 동물들이 사람을 구하고 보살피는 것을 내용을 담았다. 인간의 동물들에 대한 배려가 있는 것처럼 동물들도 인간들을 사랑하고 구출하기도 한다.

Ⅳ. 생명의 집요함과 순환

1. 인간 : 식물, 나무 : 국가

동물을 인간과 같은 선상에서 본 풍자개는 식물은 어떻게 보았을까? 1938년 풍자개가 무한에 머무를 당시 武昌의 전원을 산책하다 반

쯤 잘려나간 큰 고목 위에 새로운 가지들이 왕성하게 뻗쳐 있고 그 중 한 가지가 유독 크게 자라는 광경을 보았다. 풍자개에게는 다시 자라는 가지들이 마치 잘려나간 가지들의 복수를 하는 것처럼 보였다. 풍자개는 이 가지를 중국의 상징 [24]이라 보고 집에 돌아오자마자 그림을 그리고 다음 시를 지었다.

"큰 나무는 비록 잘려 나갔지만 생기는 잃지 않았다. 봄이 오자 다른 가지도 싹을 피웠는데 그 기상 얼마나 대단한가?" 나무도 의지가 있고 생각이 있는 생명체로 의인화했다.

2. 식물 : 인간

丰子恺作：《生机》。

24. 1937년 풍자개는 "중국은 한 그루의 나무와 같다.(中國 就像一 大樹)"라는 에세이를 발표했다.

'生機'라는 그림이다. 아무 영양분도 없는 척박하기 그지없는 벽돌 사이에서 솟아난 잎을 보고 생명의 위대함, 끈질김, 대자연의 불가사의한 섭리 등을 느낄 수 있다. 풍자개는 이 잎을 중화민족의 혼으로 보았다.

한국 화가 김원숙이 1997년에 그린 '기다림'에도 유사한 의미와 이미지들이 존재한다. 황량한 땅 위에 한 줄기 가냘픈 식물이 올라오고 인간이 바라보고 있다. 쪼그리고 앉아 식물을 물끄러미 바라보는 인간, 척박한 땅 위로 가냘픈 잎사귀를 내민 식물! 이 그림에서도 식물은 연약하면서도 끈질긴 인간의 상징인 것 같다.

3. 생명의 순환

아이와 어머니가 등장하는 이 그림에서는 생명의 순환성, 연기의 고리, 자연의 법칙 등을 표현했다. "꽃이 지는 것은 무정하기 때문이 아니라 봄날의 흙이 되어 꽃을 더욱 지키기 위함이라(落紅不是無情物, 化作春泥更護花)". 이것은 원래 청나라 시인인 공자진의 시이다. 풍자개는 같은 제목 하에서 자기만의 독특한 기법으로 그림을 그리고 글을 썼다. 싱그런 파란 잎이 부석부석한 낙엽으로 변하거나 아름다운 꽃잎이 시들어 버리는 것을 보고도 비애를 느끼거나 애석해하지 않고 자연스러운 현상으로 받아들일 뿐이다. 그러면 일생동안 좋은 일이 생겨도 그것에 집착하지 않고, 나쁜 일이 생겨도 태연할 수 있게 된다. 이렇듯 풍자개는 어려운 상황 속에서도 자연의 순환과정을 보며 스스로 용기를 불러일으키기도 하고 자위하기도 했다.

4. 풍자개의 소망 : 만물 공존

한 남자가 부채를 들고 침대에 누워 있고 나뭇잎이 드리워진 창가에는 새 한 마리가 있다. 나뭇잎은 생생하게 빛나고 사림과 새도 편인하다. 침대 옆 탁자 위에는 차 주전자와 찻잔 놓여있다. 사람이 새를 보고

"나는 침상 위에서 시원하고, 너는 창가에서 시원하구나."

라고 생각하는 글이 적혀져 있다. 차 한 잔의 여유로움, 새와 사람의 공존, 한가로이 흔들리고 있는 나뭇잎! 식물, 동물, 인간 모든 것이 평화롭고 조화를 이루는 이것이 풍자개가 꿈꾸는 이상세계이다.

V. 방법론

풍자개는 자신의 메시지를 효과적으로 전달하기 위해서 다양한 방법을 구사했다. 간단한 그림에서도 보통 사람들은 생각하기 힘든, 또 발견하기 힘든 방법 또는 기법들을 사용하여 심층적이고 철학적인 사상을 표현했다. 그 방법론은 크게 의인화, 사고방식과 관점의 전환, 언어적 조형적 기법으로 나눌 수 있다. 이 부분에서는 풍자개의 생명관에 관련된 그림들의 의미 전달 방법론을 분석하고자 한다.

1. 의인화

1.1 동물의 의인화

사람에게 "한번 말하기 전에 3번 생각한다"라는 사고방식이 있듯이 새들도 "한번 쪼아먹기 전에 3번 생각한다"라고 쓰여져 있다. 사람들은 흔히 새들을 미천한 생물로 경시하기 일쑤이다. 그러나 수많은 새들이 대열을 지어 날아가는 모습, 새끼를 키우는 모습, 유희하는 광경, 수십 마리가 복잡하게 선회하는 것 등을 보면 고도의 통제력과 지혜를 겸비하고 있음을 알게 된다. 따라서 새가 한번 쪼아먹기 전에 세 번 생각한다는 것이 허황된 사고만은 아니다.

먹이 사슬 속에서 사슴들은 거의 항상 먹히는 자의 입장이다. 갈증이 나서 물을 마시다가 갑자기 나타난 악어에게 물 속으로 끌려들어 가거나, 풀을 뜯다가 맹수에게 공격당한다던지, 혹은 사람이 쏜 화살이나 총알에 목숨을 잃는다.[25] 따라서 사슴들은 한 순간도 마음놓고 생활할 수가 없다. 그렇다고 항상 공포 속에서 살 수는 없는 일이다.

25. yahoo,2009,2,8. 사슴이 총을 든 사냥꾼을 징벌하듯이 공격하는 동영상도 있다. 말 못하는 짐승도 사건을 이해하고 감지하는 능력이 있는 것이다.

그림 속의 사슴들이 서로서로에게 이야기를 하고 있다. “화살을 보아도 겁내지 말고 먹을 게 있으면 갈라 먹어야 한다.”라고 다짐한다.

동물들에게도 자존심이 있고 자의식이 있다. 앵무새가 다리에 줄이 묶여있다. 인간들은 앵무새의 아름다운 자태, 말 흉내내기, 다양한 동작 등으로 즐거움을 느낄 것이다. 그러나 앵무새는 인간들과 같이 있는 것이 행복이 아니다. 그것은 자유의 구속이고 괴로움이다. ‘夢故山’이라는 글처럼 앵무새는 고향, 자신의 예전의 상태를 그리워한다.

1.2 식물의 의인화

다음 그림에서는 한 사람이 가위를 들고 식물들을 키에 맞추어 전지를 하고 있고 그 위에는 사람들을 똑같은 크기로 정렬시키기 위하여 목을 자르려는 그림이 있다. 사람들은 벽이나 담장 대신에 울타리로 삼기위해 나무나 꽃을 심어놓고 같은 키로 절단을 한다. 그 식물들을 자르면서 사람들은 그것들을 얼마나 규칙적으로 규격에 맞게 잘라서 예쁘게 보이느냐에 신경을 쓸 뿐이다. 그 식물들도 생명이 있고 아파할 지도 모른다는 사실은 염두에 없다.[26] 그러나 그것은 식물의 입장에서는 인간의 목을 치는 것과 같다.

26. 실험에 의하면 식물들의 가지나 줄기를 자른 사람이 가까이 오면 식물내부에서 격렬한 반응이 일어난다고 한다.

우리는 사람 목이 잘려져 있으면 "엽기적", "희대의 살인사건" 등의 용어를 쓰며 경악한다. 그러나 소머리, 돼지머리가 잘려있는 것은 예사로 본다. 심지어 돼지 머리들 중에 웃고 있는 듯 한 것을 골라서 돼지 주둥이에 천원이나 만 원짜리를 물려놓고 고사를 지낸다. 그 돼지가 실제로 웃고 있을까? 순전히 인간 마음대로 자의적인 해석을 하는 것이다. 동물들의 입장에서는 동물들의 잘린 머리들이 줄줄이 걸려있거나, 그 주둥이에 돈이 물려있거나 등의 광경이 얼마나 끔찍하고 잔인한 것이겠는가?

이 그림은 나무와 사람에 관한 것이다. 사람이 나무를 자르는 것이 아니라, 나무가 사람에게 톱질을 하고 있다. 생명체로서의 나무를 수없이 벌목한데 대한 나무의 징벌이라고 할 수 있다.[27] 인간들이 무심코

27. 1851년 뮌헨의 한 신문에 실린 '뒤집어진 세상'이라는 그림이다.

하는 일들 속에 숨어있는 무서운 사실과 예사로 간과하고 지나가는 위험성에 대한 풍자이다. 인간 주위의 자연을 손상시키면 인간도 그 대가를 치러야한다. 나무를 남벌했을 때의 홍수, 기근, 사막화 등의 결과는 인간이 받게 마련이다.

살아서 움직이는 동물의 생명을 존중해야 한다는 것은 누구나 잘 안다. 그러나 과일에까지 그러한 생각을 하는 사람이 얼마나 될까? 두 남자와 여자 한 사람이 등장한다. 여자는 바구니를 들고 있고 한 남자는 다른 남자를 자기 어깨 위에 올려서 담 위의 과일을 따려하고 있다.

그런데 놀라운 것은 사람들이 자기를 따려는 것을 알고 과일들이 눈물을 흘리고 있다. 옆의 다른 과일에도 표정이 다양하게 그려져 있다. 과일도 생명이 있고 희노애락이 있는 개체로 표현된 것이다.[28]

28. yahoo, 2009,2,9. 쓰다듬으면 마치 수줍어하듯이 오그라드는 식물도 있다.

1.3 무생물의 의인화

‘有情世界’라는 제목의 그림이다. 부채, 시계, 꽃병, 꽃, 달력, 문방구, 붓, 물병 등이 있다. 풍자개의 세계를 조금이라도 알면 꽃이 웃음 짓고 과일에 표정이 있고 등등이 하등 이상할 것이 없다. 그러나 무생물에게 까지 감정을 이입시키는 예술가는 흔하지 않다. 꽃병이 웃고, 필통이 흡족한 표정을 짓고, 부채가 아주 크게 웃고, 시계가 못마땅한 표정을 짓는 것 같고 달력이 찡그리고 있다. 꽃병 속의 꽃도 다 행복한 것은 아니다. 가장 오른 쪽의 꽃은 표정이 별로 좋지 않다.

책상 위의 문방구도 소중히 다루고, 주위의 작은 사물 하나하나도 결코 함부로 다루지 않는 세밀한 배려! 즉 이 우주 속 모든 것이 귀중한 것이고 소중한 것이라는 사상이 담겨있다. 특히 문방구가 귀하고 비싸던 시절에는 너무나 당연한 사실들이다. 또 우리가 쓰는 연필, 종이, 부채 등 도구자체는 이미 물건이지만, 그것이 만들어지기 전에는 나무나 식물 등 생물이었던 것들도 많다. 따라서 물건을 아껴 쓰는 것도 결국 살생을 줄이고 자연을 보호하는 것이다.

2. 사고 방식과 관점의 전환

2.1 下獄 : 소유→ 감옥

색깔이 고운 보기좋은 새가 새장 안에 있다. 인간들은 자신의 즐거움을 위해 새를 잡아 새장에 가두고, 가까이서 보기를 좋아한다. 단지 인간들이 하루에 몇 번 보는 즐거움을 위해 새는 죽을 때까지 감금되어 있어야한다. 새에게는 그것이 '下獄'인 것이다.

2.2 沈溺 : 用具 → 죽음의 장소

나비가 접시 물에 빠져죽어 있다. 먹을 갈기 위해 부어놓은 물이나, 그릇에 담긴 물에 벌레가 빠졌을 경우 인간들은 대수롭지 않게 본다. 즉 글을 쓰거나 그림을 그리는 일이 주된 요소이고 물에 벌레가 빠져 있는 것은 흔하고 하찮은 일이다. 그러나 그 주변적인 일이 벌레들에게는 죽음, 생명의 끝인 것이다. 벌레들은 익사한 것이다.

2.3 肉 : 같은 고기

'肉'이라는 제목 하에 웃통을 벗은 사나이가 고기를 통째 솥에 담고 있다. 짐승의 피부와 사나이의 피부에 털이 나 있고 거의 같은 무늬와 모양으로 그려져 있다. 짐승 고기도 고기이고, 사람고기도 고기이다라는 뜻이다. 즉 인간도 고기이면서, 고기가 고기를 먹는다라는 뜻이다. 제목과 그림이 묘하게 조화를 이루면서 다의적인 의미구조를 조성한다.

2.4 蠶的形具 : 道具 → 形具

한 여인이 커다란 솥에 무엇인가를 끓이고 있다. 불을 잘 피게 하는 선풍기와 각종도구가 있다. 누에고치의 실을 빼기 위해서 물을 가열하고 있다. 인간에게는 이것이 생산활동이지만 누에고치에게는 죽음이다. '蠶的刑具'! 즉 누에고치의 형틀이라는 말이다. 인간에게 유익한 도구가 누에고치에게는 사형 집행도구인 것이다.

2.5 我的腿 : 음식 → 내 다리

사람다리를 하나 잘라서 들고 간다면 엄청나게 쇼킹한 일일 것이다. 그러나 돼지 다리 들고 가는 것은 예사로운 일이다. 그것은 단지 먹거리이고 식량일 뿐이다. 그러나 그것이 돼지에게는 얼마나 충격적인 일이겠는가? 돼지가 그것을 보고 "내 다리"라 생각하고 있다.

2.6 開棺 : 음식 → 시체

통조림이 생겨나고 맛있는 먹거리들을 오래 저장할 수 있게 되었다. 채소는 물론 육류도 오랫동안 보관이 가능해졌다. 통조림을 따는 것은 향긋한 냄새, 구수한 맛, 야전에서도 먹을 수 있는 편리함 등으로 하나의 즐거움이 될 수 있다. 그러나 그 안의 내용물이 아직 살아있을 때의 입장에서는 '開棺'이다. 즉 시체가 든 관 뚜껑이 열렸다라는 뜻이다. 맛있는 통조림을 여는 행위가 동물의 입장에서 보면 '開棺'이다.

2.7 喜慶的代價 : 잔치 → 죽음

인간 즐거움의 반 이상을 차지하는 것이 먹는 것이다. 축제, 파티, 잔치를 하기 위해서는 반드시 고기 요리가 필요하다. 인간의 몸이 유지되기 위해서 흔히 다른 동물들의 고기가 소비된다. 어떤 때는 인간의 생존을 위해서가 아니라, 미각을 위해서, 쾌락을 위해서 동물이 도축되고 요리되기도 한다. 춤추고 노래하고 환담하며 치룬 잔치의 뒤편에는 수많은 짐승들의 죽음이 있다. 그 광경을 '喜慶的代價'라는 제목 하에 그림으로 그렸다.

3. 언어적 조형적 기법

'肉', '喜慶的代價', '開棺', '下獄', '蠶的形具', '我的腿' 등의 제목은 사고방식, 입장, 관점 등의 측면에서 다의적인 의도를 지니고 있다. 풍자개가 선택한 어휘들은 인간의 입장이 아니라 다중적인 관점에서 바라본 것이다.

'肉'그림에서 인간의 피부와 동물의 피부, 인간의 털과 동물의 털이 유사하게 그려져 있고(denotation 표층의미), 인간 몸과 동물의 몸이 동일 특성으로 그려져 있어, 유사한 고기라는 (connation함축의미)를 나타낸다. 고기로 된 사람이 고기로 된 동물을 솥에 넣고 조리한다. 이러한 조형적 특성에 '肉'이라는 언어 제목은 작가의 의도를 한층 더 긴밀하고 집약적으로 표현하고 있다. 따라서 '肉'이라는 단 하나의 단어, 간단한 그림 한 컷으로 풍자개는 함축적이고 다중적인 메시지를 발산한다. 따라서 언어적, 조형적 기법이 어우러져 풍자개의 단순한 그림 한 컷은 산뜻하고도 풍성한 의미를 지닌 작품이 되는 것이다.

인간들의 경사나 잔치가, 그것을 위해 도축된 짐승들의 입장에서는 비극이고 죽음이다. 색깔이 아름다운 새를 곁에 두고 바라보기 위해 만든 새장이 새에게는 감옥이다. 인간이 먹기 위해 조리한 돼지 족발이 돼지에게 '내 다리'가 되는 것이다.

우리가 善이라고 하는 행동도 우주적인 관점에서는 과연 善인지 의문의 여지가 있다. 초가집을 없애고 산과 들을 불도저로 밀고 시멘트로 된 서양식 건물을 짓고 그 안에서 화학 비료를 주고 키운 음식들을 먹는 것이 과연 진보이고 발전일까? 어쨌든 우리는 인간입장에서의 세계관만으로 살고 있는 것이 대부분이다. 풍자개는 단순하면서도 교묘한 언어기법, 기발한 조형적 배합을 통하여 현대인들에게 여러 종류의 강렬한 충격을 준다.

'獲笑'에서는 새를 잡으며 웃고 있고, '肉的香氣'에서는 개 앞에 맛있는 고기를 달아놓고 놀리는 광경이다. 그 광경을 보고 즐거워하는 사람의 얼굴에 눈이 없다. 개가 괴로워하는 모습을 보며 웃고 있는데 어떻게 눈이 없는가?

이 경우는 진정한 인식이 없다는 뜻이다. 이 그림의 눈은 그냥 보는 눈이 아니라 자신들이 하는 행위에 대한 판단의식이 있는지 없는지 혹은 다른 동물이 괴로워하는 것을 보며 즐거워하는 자신들이 어떤 사람인가에 대한 인식이 있느냐 없느냐하는 것이다. 그것도 자신들이 미리 방도를 마련해놓고 괴롭히는 것이니 더욱 그러하다.

이 그림에서 풍자개가 눈을 안 그린 것도 고도의 전략에 의한 것이다. 눈에 보인다고 보이는 그대로가 아니며 본다고 다 보는 것이 아닌 것이다. 풍자개의 간단한 그림도 상식과 고정관념을 뛰어넘는 획기적인 충격과 신선한 도발을 내포하고 있다.

생명 존중, 인도주의, 박애 정신 등의 용어들은 우리가 너무나 흔하게 듣는 단어들이다. 풍자개의 그림이 놀라운 것은 이런 주제를 그림에 나타냈다는 사실 때문이 아니라, 평범한 일상사나 흔히 보이는 주위의 사물을 통하여 보통사람은 생각지도 못하는 놀랍고 새로운 점을 보여주기 때문이다. 자신들이 무심코하는 일상 행동에 살생이 일어나고 있다는 사실을 인간들은 잘 모른다. 무생물들의 표정, 나비 무덤이나 기러기 무덤을 만드는 행위, 벌레 한 마리가 구두 밑에서 생사의 기로에 놓여있는 순간, 사람이 따려는 순간 눈물을 흘리는 과일, 똑같은 높이로 나뭇가지를 치는 행위 등등... 풍자개의 그림을 보면 동물은 물론 식물의 생명도 존중되어져야 한다.

그러나 인간이 생존하기 위해서 어느 정도의 살생은 어쩔 수 없는 일이다. 스님들처럼 채식을 한다하더라도 식물도 생명체다. 그렇다면 풍자개의 주장을 어떻게 받아들여야할 것인가? 그가 주장하는 것은 다른 생물의 희생을 최소화시키고, 쓸데없는 과잉 살생은 막자는 것이다. 인간의 유희를 위해, 미식을 위해, 탐욕을 위한 살생이 잘못됐다는 것이다.

인간중심의 세계관 속에서 다른 생물에 대한 배려가 거의 전무하다면 이 지구의 생태계자체도 파괴될 수밖에 없다. 그것은 인간 자신에게 거대한 재앙으로 돌아올 것이다. 풍자개의 그림은 불살생의 메시지뿐만 아니라 현재 심각하게 거론되고 있는 환경파괴, 생태계의 위기와도 관련이 있는 것이다.

풍자개는 이러한 메시지를 전하기 위해서 언어의 교묘한 사용, 그림의 다양한 내용과 다중적인 기법, 단순하고 신선한 충격, 글과 그림의 절묘한 조합 등을 사용한다. 풍자개는 언어를 구사하는 시인과 색채를 사용하는 화가의 재능과 자질로 시대를 뛰어넘는 작품들을 남겼다.

풍자개의 글과 그림

풍자개의 글과 그림

풍자개의 인생 삼계단 철학 사상

인생의 삼계단: "나는 인생을 삼계단으로 나눌 수 있다고 생각한다. 첫 번째 계단은 물질생활이고 두 번째 계단은 정신생활이며 세 번째 계단은 영혼생활이다." 물질생활이란 의식주를 가리키고 정신생활이란 학술문예를 가리키며 영혼생활이란 종교를 가리킨다.

나와 홍일법사

저명한 스님 한 분이 이런 말씀을 하셨다. 삼십년 전에 나의 눈에는 산은 산으로 물은 물로 보였다. 훗날 차츰 깨달아가던 때에는 산은 산이 아니오, 물은 물이 아닌 것으로 보였다. 먼 훗날 확철대오한 후에는 산은 여전히 산이요 물은 여전히 물로 보였다. 이것은 보통사람의 심리에서 철학경지에로 철학경지에서 다시 불가의 경지에 이르는 과정을 설명한 것이다.

물질생활과 정신생활도 모두 인생 경계의 일부분이다. 작은 것에 만족함도, 큰 것에 만족하지 못함도, 죽음을 두려워함도, 영혼의 생활을 추구함도, 고결함도, 담담함도, 입세도, 탈속도 모두가 인생경계의 일종이며 인연을 따르는 것도, 로맨틱한 것도, 치졸한 것도 모두 인생 경계의 일부분이다. 사실 인생의 경계는 일상생활에서 기원하였지만 또 그것을 벗어나 승화되는 것이다.

생존의식은 인간의 본능이다. 바로 물질욕이다. 무력하여 두번째 세번째 계단을 오를 수 없는 사람들의 첫 번째 계단에 머물러서 풍의족식하는 것으로 만족을 느낄 수 있다. 어찌 보면 첫번째 계단에서 만족을 느끼는 사람은 좀 소극적이고 진취심이 없는 사람일지도 모른다.

물질욕에 눈이 어두운 사람은 물질의 약탈이나 점유에서 만족을 느끼며 살겠지만, 물질이 풍족하지 못하다 할지라도 진취심이 있고 초탈하고 너그러운 마음을 지닌 자는 인생의 가치를 위해 학술이나 문예에 전념하고 노력하여 독창성과 원만함을 달성한다. 후자라면 비록 생활이 궁핍할지라도 부유하다고 할 수 있다. 경계는 다종다양하다. 사람마다 그 속에 머물 수 있다. 매 개인이 다 인생의 풍경이 될 수 있고 또 그 풍경 속에서 각 개인의 독특한 가치를 읽어낼 수 있다.

종교생활은 인간의 영혼생활이다. 이는 일상생활중의 문제를 떠나서 빈부귀천의 계선을 벗어난 것이다. 그들은 열심히 산다. 물질욕에 만족할 수 없어 정신욕을 추구하고 또 정신욕에도 만족할 수 없어 인생을 탐구한다. 이렇듯 첫 번째 계단 두 번째 계단을 거쳐 세번째 계단에 올라선다. 바로 우리가 말하는 불교의 경계-영혼의 근원을 탐구하는 것이다.

우리가 살고 있는 이 사회는 끊임없이 변화하고 있다. 인간의 수양에 대한 기준도 다르다. 깨달은 자는 잘 알겠지만 아직 흐리멍텅한 사람도 있다. 여류작가 장애령은 "알고도 모를 게 바로 인간이다."라고 말 한 적이 있다. 이것이 바로 인간의 통병이다. 인간의 경계가 틀리고 또 그 제한을 받고 있기에 속세를 벗어날 수 없고 인생의 참 뜻을 깨닫지 못하여 인간세상을 유희할 수 밖에 없다.

그리운 이숙동 선생님

지금으로부터 29년 전, 내가 17살 때, 항주(杭州)의 절강(浙江) 성립(省立) 제일사범학교에서 이숙동(李叔同) 선생님을 처음 만났는데, 바로 훗날의 홍일법사(弘一法師)이다. 그 때 나는 예과 학생이었고, 이선생님은 우리 음악 교사였다. 우리는 이선생님의 음악 수업을 들을 때, 어떤 특별한 느낌, 엄숙함을 느꼈다. 예비종이 울려서, 음악 교실로 걸어가 문을 밀고 들어서던 우리는 우선 깜짝 놀랐다. 이 선생님이 벌써 교단에 단정히 앉아 있었기 때문이다. 선생님들은 늘 우리보다 늦게 온다고 생각하면서, 되는대로 노래도 하고, 소리도 지르고, 웃기도 하고, 욕도 하면서 문을 밀고 들어서던 학우들로서는 더욱더 놀랄 수밖에 없었다. 학우들의 노래 소리, 외침 소리, 웃는 소리, 욕하는 소리가 문간을 경계로 갑자기 사라졌다. 이어서 고개를 숙이고, 얼굴을 붉히고, 각자 자기 자리에 가서 단정히 앉았다. 자기 자리에 앉아서 살그머니 고개 들어 보니, 이 선생님은 훤칠하고 깡마른 상반신에 정결한 검은 천 저고리를 입고, 넓어서 말도 달릴 수 있을 것 같은 앞 이마, 가늘고 긴 봉황 눈, 바르게 솟은 콧마루 등 위엄있는 모습을 보여주고 있었다. 납작하고 평평하고 넓은 입술 양 끝에는 항상 깊은 보조

개가 있어, 온화하고 사랑스런 표정이었다. "온화하고 엄격하다"(溫而厲) 세 글자로 그 모습을 묘사하면 대체로 거의 맞을 듯 하다. 교탁 위에는 출석부, 강의록, 필기장, 분필이 놓여 있었다. 피아노 덮개를 벗기고, 피아노 뚜껑을 열고, 악보를 펼치면, 피아노 머리맡에는 또 시계가 하나 놓여 있어, 반짝반짝 금빛이 우리 눈까지 곧장 전해졌다. 칠판(아래 위 두 짝 이동식으로 된 것)에는 그 수업 시간에 쓸 내용이 이미 또박또박 쓰여 있었다(두 짝을 모두 써서, 윗 짝이 아래짝을 덮어, 아래짝을 쓸 때 윗 짝을 밀어낸다). 그렇게 배치된 교단에 이 선생님이 단정히 앉아 있었다. 앉아 있다 수업 시작종이 울리면(나중에 우리는 이 선생님의 이런 성격을 알고 음악 수업 때는 반드시 일찍 갔다. 그래서 수업 시작 종이 울릴 때는 학우들이 이미 모두 와 있었다), 선생님은 일어나서 몸을 깊이 숙여 인사하고, 곧 수업을 시작했다. 이렇게 수업을 하니, 분위기가 아주 엄숙했다.

음악 수업할 때 노래를 부르지 않고 다른 책을 본 학우가 있었고, 음악 수업할 때 바닥에 침을 뱉은 학우가 있었다. 이 선생님에게는 안 보인다고 생각했는데, 사실 선생님은 다 알고 있었다. 그러나 선생님은 즉각 혼내지 않고, 수업이 끝난 뒤에 아주 가볍고 엄숙한 목소리로 "아무개 아무개는 좀 있다 나가"라고 정중하게 말했다. 그래서 그 아무개 아무개 학우는 서 있는 수밖에 없었다. 다른 학우들이 모두 나간 뒤에 선생님은 또 가볍고 엄숙한 목소리로 그 아무개 아무개 학우에게 "다음 수업할 때 부터는 다른 책을 보면 안돼", "다음부턴 바닥에 침을 뱉으면 안돼"라고 따뜻하게 말했다. 말을 하고 나서 선생님은 살짝 몸을 굽혀 "나가 봐라"라는 뜻을 표시했고, 나가는 사람은 모두 얼굴이 빨갛게 달아올랐다. 또 한 번은 음악 수업이 끝나고 마지막에 나가던 학우가 무심코 문을 당겼는데 너무 세게 부딪쳐서 아주 큰 소리가 났다. 그 학우가 몇 십 걸음 걸어갔을 무렵 이선생님이 문을 나서, 얼굴 가득 따뜻한 표정을 지으며 그 학우더러 돌아오라고 했다. 그 학우가 다가오자 이 선생님은 또 교실로 들어오라고 했다. 교실에 들어가자 이 선생님은 아주 가볍고 엄숙하면서 화기애애한 목소리로 "다음부터 교실 나갈 때는 문을 살며시 닫아야 한다"라면서 그에게 몸을 숙여 인사하고, 문 밖까지 배웅하고 나서 스스로 가볍게 문을 닫으셨다. 가장 잊을 수 없는 건 언젠가 피아노 수업을 할 때였다. 우리는 사범학교 학생이라 모두가 피아노 치는 걸 배워야 했는데, 학교 전체에 풍금 50-60대와 피아노 두 대가 있었다. 풍금은 학생들 연습용으로 매 교실마다 두 대씩 놓아두었고, 피아노 한 대는 노래 부르는 교실에 놓아두고, 한 대는 피아노 치는 교실에 놓아두었다. 피아노 수업을 할 때면 십 수명이 한 조가 되어 피아노 곁에 둘러서서 이선생님의 시범 연주를 보았다. 한번은 한창 시범 연주를 하고 있는데 한 학우가 방귀를 뀌었다. 소리는 나지 않았지만 냄새가 지독했다. 피아노와 이선생님과 십수명 학우가 전부 암모니아 가스 속에 잠겼다. 학우들 대부분은 코를 틀어막거나 질색해하는 소리를 냈다. 이선생님은 눈썹을 한 번 찌

푸리더니 그대로 피아노를 쳤다(나는 선생님이 필시 숨을 멈추었을 거라고 생각한다). 피아노를 어느 정도 치자 암모니아 가스는 다 흩어지고, 선생님 눈썹은 비로소 펴졌다. 수업 시간이 다 지나 수업 끝나는 종이 울렸다. 이선생님은 일어나 수업 끝의 표시로 몸을 숙여 인사했다. 수업은 끝나고 학우들은 아직 문을 나서기 전인데, 이선생님은 또 정중하게 "모두 잠깐만요, 아직 할 말이 있어요"라고 선고했다. 모두 엄숙하게 다시 그 자리에 섰다. 이선생님은 또 아주 가볍고 엄숙하면서 화기애애한 목소리로 말했다. "앞으로 방귀를 뀌려면 문 밖으로 나가야지, 실내에서 뀌면 안돼요", 이어서 이제는 나가도 된다는 표시로 또 몸을 숙였다. 학우들은 모두 웃음을 꾹 참았다가, 문을 나서자마자 모두 재빨리 저 멀리까지 달려가서 한바탕 크게 웃었다.

이선생님은 그런 식으로 우리에게 음악을 가르쳤다. 이로 인해 우리는 다른 과목 수업을 할 때보다 음악 수업을 할 때가 훨씬 엄숙함을 느끼는 동시에 다른 교사보다 음악 교사 이숙동 선생님을 훨씬 존경했다. 그때 학교에서 첫손꼽는 중요한 과목은 이른바 "영·국·수" 즉 영어·국어·수학이었다. 다른 학교에서는 이 세 과목 교사가 가장 권위가 있었다. 그런데 우리의 그 사범학교에서는 음악 교사가 가장 권위가 있었다. 그가 바로 이숙동 선생님이기 때문이었다.

이숙동 선생님은 어떻게 그런 권위가 있을 수 있었을까? 학문이 뛰어났기 때문만도 아니고, 선생님의 음악이 좋았기 때문만도 아니고,

항상 태도가 성실했기 때문이다. 이선생님의 일생의 최대의 특징은 "성실"이었다. 선생님은 어떤 일을 하지 않으면 그만이지만, 하려고 했다 하면 철저하게 했었다.

선생님은 부유한 집 출신으로, 부친은 천진(天津)에서 유명한 은행가였다. 다섯 번째 부인 소생이었다. 선생님이 태어났을 때 부친의 나이는 이미 72세였다. 태어나자마자 부친이 돌아가시고, 또한 가정의 변란을 만나, 청년 시절 생모를 모시고 남쪽 상해(上海)로 이주했다. 상해 남양공학(南洋公學)에서 공부하고 모친을 모실 때, 선생님은 풍류 공자였다. 당시 상해 문단에 그 유명한 호학회(滬學會)가 있었는데, 이선생님은 호학회의 글 공모에 응모하여, 몇 번 1등을 했다. 이로부터 상해의 명사들이 선생님을 귀중하게 여기게 되면서, 교유가 나날이 넓어졌고, 결국 당시 상해에서 "재자(才子)"로 이름을 날렸다. 그래서 나중에 모친이 세상을 떠나서 일본으로 유학을 가면서 "금루곡(金縷曲)" 한 수를 지었다.

"산발한 머리로 미친 듯 다닌다. 광대한 중원의 해 저물 녘, 까마귀 울음에 부서지는 시든 버들. 부서진 산하를 누가 수습할까? 언제나처럼 쓸쓸히 불어오는 서풍, 집 떠난 나그네 더욱 비쩍 말라간다. 떠나자니 강물 보며 한숨만 자꾸 푹푹, 그립다고 말하자니 더욱 뼈에 사무친다. 술보다 진하게 시름시름 밀려오는 근심, 복받치는 감정 오송강 물결에 끊임없이 철렁철렁, 해마다 버들개지처럼 흩날리고 부평처럼 떠다니는 신세가 서러워, 차마 고개 돌리지 못한다. 스물에 세상을 놀라게 한 글을 썼다는데, 결국 이제 와선 무슨 헛된 글이나마 남겼는가! 갑판 아래 청룡의 미친 듯한 포효 들리고, 기나긴 밤 서풍에 잠 못 이루며, 모든 생을 생각하면 애틋하고 쓰라리다! 조국, 홀로 등지고 떠날 수 있을까?"

이 사(詞)를 통해서, 당시 선생님은 가슴에 호기가 가득하고 애국의 열정이 뜨겁게 타올랐음을 알 수 있다. 선생님은 출가할 때 과거의 사진을 남김없이 내게 보냈는데, 사진 중에서 나는 당시 상해에서의 선생님 모습을 볼 수 있었다. 비단 사발모자와 그 정중앙에 달린 네모 백옥, 굽은 깃 조끼, 꽃무늬 주단 도포, 뒤로 늘어뜨린 두툼한 변발, 그 아래로 주단 허리띠와 각반, 바닥이 두툼한 신발, 이런 차림새에 고개를 높이 든 그 모습에서, 준수한 기풍이 미목(眉目) 사이로 흘러 나왔다. 정말 당시 상해에서 으뜸가는 풍류 공자였다. 이는 모든 것에 성실한 선생님의 그 특성이 최초로 드러난 것이다. 일단 풍류 공자가 되겠다고 뜻을 세우면 철저하게 풍류 공자가 되었던 것이다.

나중에 선생님은 일본에 가서 메이지 유신의 문화를 보더니 서양 문명을 목마르게 흠모하게 되었다. 선생님은 즉각 풍류공자의 티를 버리고 유학생으로 변신하였다. 도쿄(東京) 미술학교에 들어가고, 동시에 음악학교에도 들어갔다. 이 학교들은 모두 서양을 모방하여, 가르치는 것이 모두 서양화와 서양음악이었다. 이선생님은 남양공학에 있을 때 영어를 잘 했고, 일본에 가서는 서양 문학서를 많이 샀다. 선생님은 출가할 때 원본 "세익스피어 전집"을 내게 주시면서 "내가 예전에 꼼꼼히 읽었던 책인데, 책면에 이것저것 필기도 많이 하고, 온전하지도 않지만, 그래도 기념은 될 만 하지"라고 말씀하셨다. 이를 통해 선생님이 일본에 있을 때 서양 예술을 전면적으로 연구하고, 회화•음악•문학•희극을 모두 연구했다는 것을 알 수 있다. 나중에 선생님은 일본에서 봄버들극단[春柳劇社]을 창설하여, 유학생 중 뜻을 같이 하는 자를 불러 모아, 당시 유명했던 비극 "춘희"(뒤마 원작)를 공연했다. 선생님 자신이 허리를 가늘게 졸라매고 춘희로 분장하여 분칠을 하고 등장했다. 그 사진을 선생님이 출가할 때 역시 내게 주셨는데, 줄곧 내가 보관하다 항일전생 때 전쟁에 불타버렸다. 난 아직도 그 사진을 기억한다. 말아올린 머리카락, 하얀 상의, 바닥에 끌리는 하얀 긴치마, 한 줌 만큼 잘록해진 허리, 들어올려 머리 뒤를 받치고 있는 두 손, 오른쪽으로 비스듬한 머리, 바짝 찡그린 눈썹, 비스듬히 바라보는 눈빛, 바로 춘희가 박복한 운명에 스스로 괴로워하는 표정이었다. 연극 사진이 그밖에 많이 있었는데, 일일이 다 기록할 수 없다. 그 봄버들극단은 나중에 중국으로 옮겨왔고, 이 선생님은 손을 떼고 다른 사람들이 운영하게 되었는데, 이게 바로 중국 최초의 "화극(話劇)" 극단이었다. 이선생님은 일본에 있을 때 철두철미한 유학생이었음을 이로부터 알 수 있다. 나는 당시 선생님 사진을 볼 수 있었다. 높은 모자, 딱딱한 깃, 딱딱한 소매, 연미복, 스틱, 뾰족한 구두, 게다가 큰 키, 높은 코, 콧마루에 걸쳐 있는 다리 없는 안경, 마치 완전히 서양 사람같았다. 이는 모든 것에 성실한 선생님의 그 특성이 두번째로 드러난 것이다. 어느 것을 배우면 완전히 그대로 똑같이 해야 했다. 일단 유학생이 되려고 했던 한, 철저하게 유학생이 되었던 것이다.

귀국한 뒤 선생님은 상해 태평양신문사[太平洋報社]에서 편집을 맡아보았다. 얼마 되지 않아 남경 고등사범학교의 초청을 받아 가서 그림과 음악을 가르쳤다. 나중에 또 항주 사범학교의 초빙에 응하여 두 학교 과목을 동시에 맡아서, 매달 중 반은 남경에 있고, 반은 항주에 있었다. 두 학교에서는 모두 조교를 뽑아, 선생님이 부재시에 조교가 대신 수업을 했다. 나는 바로 항주 사범학교의 학생이었다. 그때 이 선생님은 이미 유학생에서 "교사"로 변하여 있었다. 이번에는 정말로 철저하게 변했다. 멋있는 양복을 입지 않고, 거친 회색 도포, 검은 저고리, 헝겊바닥 신발로 바꿔 입고 신었다. 금테 안경 또한 검은 철테 안경으로 바꿨다. 선생님은 수양이 아주 깊은 미술가여서, 의표를 아주 따졌다. 비록 포의지만 몸에 아주 잘 맞았고, 항상 정결했다. 선생님이 포의를 입으면 궁상이 전혀 없었고, 따로 어떤 소박한 아름다움 같은 것이 있었다. 독자들도 상상할 수 있으리라. 춘희로 분장할 정도로 선생님 몸집은 아주 호리호리했다. 포의를 입어도 여전히 미남자였다.

"엷고 짙은 화장 무엇이든 잘 어울려" 이 시구는 원래 (중국의 전설적인 미인) 서시를 묘사한 것인데, 이 말로 우리 이선생님의 의표를 형용한다 해도 아주 잘 맞아떨어졌다. 지금 사람들이 "생활의 예술화"를 요란하게 떠드는데, 알고 보면 대부분 무슨 이상하고 신기한 걸 갖다 맞추는 것일 뿐 예술이 아니다. 그런데 이선생님의 복장이야말로 정말로 생활의 예술화에 걸맞았다. 선생님이 어느 시대의 복장을 하건 그 시대의 사상과 생활이 드러났다. 각 시대의 사상과 생활이 판연히 다름에 따라 각 시대의 복장 역시 판연히 달랐다. 포의를 입고 헝겊신발을 신은 이선생님, 양복 시대의 이선생님, 굽은 깃 조끼 시대의 이선생님, 셋은 전혀 다른 세 사람 같았다. 이는 모든 것에 성실한 선생님의 그 특성이 세번째로 드러난 것이다.

내가 2학년 때, 이 선생님이 그림을 가르쳤다. 선생님은 우리에게 석고 모형 목탄 사생을 가르쳤다. 학우들은 그동안 남이 그린 걸 보고 그리는 것에 습관이 되어서, 처음에는 어떻게 손을 대야 할지 몰랐다. 그럴 듯하게 그리는 사람이 40여명 중 하나도 없었다. 나중에는 선생님이 시범으로 그리는 것을 보여주었다. 다 그린 시범 그림을 칠판에 걸고, 학우들은 모두 칠판을 보면서 그대로 그렸다. 나와 소수 학우만이 선생님의 방법대로 석고 모형을 직접 보면서 사생했다. 나는 그때부터 사생에 흥미가 생기기 시작했다. 교본의 그림은 원래 다른 사람이 실물을 보고 사생한 것임을 나는 그때가 되어서야 훤히 깨달았다. 그렇다면 우리도 마땅히 직접 실물을 보면서 사생에 들어가야지, 남이 그린 것을 그대로 따라서 그릴 필요 있겠는가? 그래서 내 그림이 진보하기 시작했다. 그 후 이 선생님은 나와 접근하는 기회가 더욱 많아졌다. 내가 자주 선생님을 찾아가 그림을 가르쳐달라고 했고, 일본어도 가르쳐달라고 했기 때문이다. 그 후 이선생님의 생활은 내가 제법 상세하게 알고 있다. 선생님은 원래 성리학 관련 서적을 자주 읽었는데, 언젠가 갑자기 도교를 믿더니, 책상에는 늘 도장(道藏)이 놓여 있었다. 그때 나는 아직 철부지 청년이어서, 종교까지 논하지는 못했다. 이선생님은 그림과 관련된 것 이외에는 도(道)와 관련된 말은 내게 결코 하지 않았다. 그러나 나는, 마치 누군가 멀리 떠나려고 하는 것처럼, 선생님 생활이 날로 점점 정리되어 간다는 걸 발견했다. 선생님은 쓰지 않는 물건을 종종 내게 주었다. 선생님의 친구 일본 화가 대야융덕(大野隆德)·하합신장(河合新藏)·삼택극기(三宅克己) 등이 서호(西湖)에 사생하러 갈 때, 선생님은 나를 데리고 가 그들에게 한 차례 식사 접대를 하고, 이후에는 그 일본인들을 내게 넘겨, 나더러 그들을 안내하게 했다(나는 당시 이미 일상 생활 일본어 회화가 가능했다). 선생님 자신은 방문을 닫아 걸고 도학을 연구했다. 어느 날 선생님은 대자산(大慈山)으로 단식하러 들어가기로 결정했는데, 나는 수업이 있어서 모시고 가지 못하고 학교 직원 문옥(聞玉)이 모시고 갔다. 며칠 뒤 나는 선생님을 뵈러 갔다. 침대 위에 누워 있는 선생님을 보니, 얼굴은 비쩍 말랐는데 정신만은 멀쩡하여, 평상시와 거의 차이 없이 내게 말을 하셨다. 도합 17일 동안 단식을 하고, 문옥이 부축하고 사진을 하나 찍고, 사진 상단에 문옥 글씨로 "리식옹(李息翁) 선생 단식 이후 모습, 시자(侍子) 문옥 쓰다"라고 글을 넣었다. 그 사진을 나중에 엽서로 만들어 친구들에게 나눠주었다. 초상 아래쪽에 활자로 "모년월일, 대자산에 들어가 17일 동안 단식하여, 심신이 정화되고, 환희가 강해지다 --- 흔흔도인(欣欣道人) 적다"라고 새겨넣었다. 그때 이선생님은 이미 "교사"에서 "도인"으로 변해 있었다. 도를 배우면서 17일 동안 단식을 한 것도 역시 선생님이 모든 일에 "성실"함을 말해주는 것이었다.

그러나 선생님이 도를 배운 기간은 아주 짧았다. 단식 이후, 오래 되지 않아 선생님은 불도를 배웠다. 선생님이 불도를 배우는 것은 마일부(馬一浮) 선생님의 가르침을 받은 것이라고 선생님 스스로 내게 말씀하셨다. 출가하기 며칠 전에 선생님은 나와 함께 서호 옥천(玉泉)에 가서 정중화(程中和)란 분을 만났다. 그 정선생은 원래 군인이었는데, 그 당시에는 퇴역하여 옥천에서 살면서, 마침 출가하여 스님이 되려고 하였다. 리선생님은 그와 아주 오랫동안 얘기했다. 그 후 얼마 되지 않아, 나는 대야융덕(大野隆德)을 모시고 옥천에 가서 투숙하던 도중 한 스님이 앉아 있는 것을 보았는데, 바로 그 정선생이었다. 나는 "정선생"이라고 부르려고 하다가, 뭔가 어울리지 않음을 느꼈다. 내가 돌아가 리선생님에게 말하니, 리선생님도 머지 않아 역시 출가하여 스님이 되어 홍산(弘傘)의 사제가 되려고 한다고 말씀하셨다. 나는 깜짝 놀라 어떻게 대처해야 할지 몰랐다. 며칠 지나, 선생님은 과연 출가하기 위해 사직을 했다. 출가하기 전날 저녁, 선생님은 나와 학우 섭천서(葉天瑞), 리증용(李增庸) 세 사람을 선생님 방으로 오라고 해서 방에 있는 물건들을 나누어 주었다.

다음날, 우리 세 사람은 선생님을 호포(虎跑)까지 전송했다. 우리가 돌아와 선생님의 "유산"을 나누어 가지고, 다시 선생님을 만나러 갔을 때, 선생님은 이미 머리를 박박 밀고, 승려옷을 입고, 수척한 모습으로 어엿한 법사가 되어 있었다. 나는 그때부터 선생님을 "법사"라고 고쳐 부르기로 했다. 선생님은 24년 동안 법사생활을 했다. 그 24년 동안 나는 여기저기 정신없이 동분서주했는데, 법사는 시종일관이었고, 수행 공부 또한 갈수록 깊어졌다. 처음에는 정토종을 수련했고, 나중에는 또 율종을 수련했다. 율종은 계율을 중시한다. 일거일동에 모두 규율이 있어서, 엄숙하고 성실하기 짝이 없다. 이는 불문 중에서 가장 수련하기 어려운 종파이다. 수백년 동안 전통이 단절되었다가 홍일법사에 이르러 비로소 부흥하였으니, 그래서 불문에서는 법사를 "남산(南山) 율종을 중흥시킨 제11대 조사"라고 일컫는다. 법사의 생활은 매우 성실했다. 한 가지 예를 들면, 한번은 내가 화선지 한 권을 홍일법사에게 부치면서 불호(佛號)를 써달라고 부탁했다. 화선지가 좀 많았던지, 법사는 편지를 보내 남은 화선지를 어떻게 하면 좋을지 내게 물었다. 또 한 번은, 내가 회송용 우표를 보냈는데, 몇 장 더 보냈다. 법사는 더 보낸 몇 장을 내게 부쳐 반환했다. 그 후 나는 종이나 우표를 부칠 때는 남은 것은 법사에게 드린다고 반드시 먼저 선언을 했다. 한번은 법사가 우리 집에 와서, 나는 법사에게 등나무 의자를 권했다. 법사는 등나무 의자를 가볍게 흔든 뒤에 천천히 앉았다. 처음에 나는 감히 이유를 묻지 못했다. 나중에 법사가 매번 그렇게 하는 것을 보고, 나는 이유를 물어보았다. 법사의 대답은 이랬다. "이 의자 속에, 두 등나무 사이에, 아마 작은 벌레가 숨어 있을 거야. 갑자기 앉으면 그것들이 깔려 죽을 거야. 그래서 그것들이 피하여 달아나게 하려고 먼저 좀 흔들고 천천히 앉는 거지." 독자들은 아마 웃음이 나올 것이다. 하지만 이게 바로 그가 너무나 성실하다는 것을 말해주는 것이다.

지금까지 말했듯이, 홍일법사는 처음에는 풍류공자에서 유학생으로, 그 다음에는 교사로, 세번째로는 도인으로, 네번째로는 스님으로 변했다. 매번 변할 때마다 정말 그 사람이 되었다. 마치 전통 연극에서 규방 여인 역이면 규방 여인 역, 서생 역이면 서생 역, 노신 역이면 노신 역, 모든 배역을 기가 막히게 소화해내는 만능 배우 같았다 …… 모두 "성실" 때문이다.

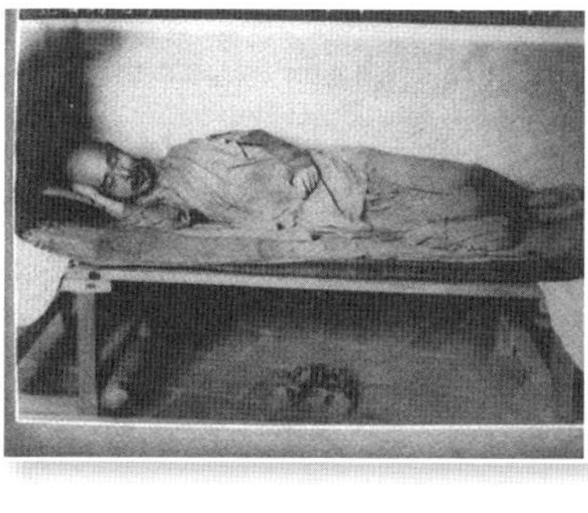

홍일법사는 복건(福建) 천주(泉州)에서 입적했다. 귀주(貴州) 준의(遵義)로 흉보가 전해졌을 무렵, 나는 마침 중경(重慶)으로 옮기려고 행장을 꾸리던 중이었다. 중경에 도착하면 법사의 초상 100폭을 그려 각지에 나누어 보내 소식을 전하고 비석에 새기고 공양하도록 하고 싶었다. 초상 그리는 건 이제 발원대로 끝마쳤다. 이 세상에서 이선생님과 나의 사제의 인연은 이미 끝났지만, 그분이 남기신 가르침 '성실'은 영원히 내 마음 속에 새겨져 있다.

기차 속 세상

기차 속 세상의 자잘한 것들은 그만 두고, 사람들이 앉은 모습만 보아도 경탄을 자아내기에 충분하다. 똑같이 표를 한 장 샀는데 어떤 사람은 줄곧 거리낌 없이 누워 대여섯 명 자리를 혼자서 차지하고 간다. 자리를 찾는 사람이 오면 안쪽으로 고개를 돌리고 일부러 코고는 소리를 내거나, 환자인 것처럼 가장하거나 손을 들어 저쪽을 가리키면서 말한다.

"앞쪽은 텅텅 비었어요, 앞쪽은 텅텅 비었다구요."

착하고 순진한 시골 사람은 보통 그 말만 믿고 그가 편히 자도록 놔둔 채, 짐을 짊어지고 그가 가리킨 앞쪽으로 텅텅 빈 자리를 찾아서 간다. 어떤 사람은 자기 좌우 옆자리에 짐을 나누어 놓아서, 자기 호위대로 삼는다. 그게 네모난 가죽 상자면 차탁자로 쓰기도 한다. 자리를 찾는 사람이 오면, 죽어라고 고개를 파묻고 신문을 본다. 상대방이 서슴없이 그에게 의견을 제시한다.

"선생 미안합니다만 상자를 위에 올려놓고 같이 좀 앉지요!"

그는 먼 곳을 가리키며 거들먹거리는 말투로 거절한다.

"저기도 좋은 자리 많은데 왜 꼭 여기 앉으려는 거요?"

그리고는 아랑곳 않고 신문을 본다. 착하고 순진한 시골 사람은 대개 더는 부탁하지 않고, 그가 짐 보따리의 호위 속에 앉아서 신문을 보게 하고 그가 가리킨 저 쪽으로 '좋은 자리'가 있는 곳을 찾아서 아이를 안고 간다. 어떤 사람은 짐도 없는데 몸을 비비 틀어 엉덩이 한쪽과 허벅지 한쪽이 두 사람 자리를 차지하게 하고 유유자적 창에 기대 담배를 피운다. 그는 큰 거북이 등딱지 같은 등 부분을 오른쪽 사람을 향하게 하고, 왼다리 허벅지를 가로로 턱 걸쳐 왼쪽 사람이 가까이 오지 못하게 막는다(당시의 기차는 세로로 좌석을 배열하여, 양쪽 창가에 기대도록 각각 한줄 의자가 놓이고, 중간에 등과 등이 맞닿게 길게 두 줄 의자가 놓였다. 세로로 긴 의자 네 줄이 각각 마주보게 놓인 셈이다.) 그 허벅지가 차지한 공간은 완전히 그의 소유여서 거기서 조용히 담배도 피우고 신문도 보곤 한다. 자리를 찾는 사람이 와서 마주치면 신문지를 허벅지에 쌓아놓고 창 밖으로 머리를 내밀고는, 보지도 듣지도 못한 척한다. 허벅지 책략을 쓰지 않고 책과 모자 등을 자기 옆 자리에 놓는 술수를 쓰는 사람도 있다. 자리를 찾는 사람이 와서 치워 달라고 하면 "여기 사람 있어요"라고 대답한다. 착하고 순진한 시골 사

« Un coin de wagon », 1935

람은 대체로 그의 말을 믿게 마련, 그가 말한 그 '사람'이 앉도록 그 빈 자리를 남겨두고 노인을 부축하고 다른 곳으로 자리를 찾아서 간다 자리를 찾지 못하면 짐을 출입구에 놓고 자기가 짐 위에 앉거나 아이를 안고 노인을 부축하고 WC 문 앞에 서 있다. 검표원이 오면, 자리 차지하고 누운 사람이나 허벅지나 모자로 자리를 다 차지한 사람에게는 뭐라고 하지도 않으면서 오가는 데 방해가 된다면서 짐 위에 앉은 사람과 아이를 안고 노인을 부축하고 WC 문 앞에 서 있는 사람에게 몇 마디 욕을 내뱉는다.

인생은 기차 타기

일찍 타서 일찍 내리기도 하고
늦게 타서 늦게 내리기도 하고
일찍 타서 늦게 내리기도 하고
늦게 타서 일찍 내리기도 하고
차에 올라타면 자리를 다투고
차에서 내리면 각자 집으로
차에서는 차표를 잘 보관하세
내릴 때 원래 그대로 돌려줘야지

—1930년대의 기차—

풍자개와 인성교육

I. 인생의 길

인생을 살다보면 부딪치는 온갖 난관

가족애

석양에 가족들과 뱃놀이 하기

공동의 즐거움

술과 음식을 놓고 환담하기

타인에 대한 배려

술 취한 사람 부축해서 귀가시키기

자리 양보

<천사가 나타나 공중에서 폭탄을 제거하기를 바라다(願作安琪兒 空中收炸彈)>는 <폭격하다(轟炸)>와 비슷한 분위기의 그림이지만 풍자개 특유의 서정성과 해학이 가미되어 있다. 피난길에 넘어진 아이 위로 떨어지는 포탄을 노란빛의 아기천사가 막아주고 있다. 넘어져서 신발이 벗겨져 울고 있는 아이와 그 아이를 일으켜 세우려는 슬픈 표정의 엄마 뒤에는 아기 천사의 도움을 알고있다는 듯 인자한 표정의 노모가 있다. 끔찍한 전쟁 중에서도 기적은 일어날 수 있다는 밝고 긍정적인 면을 부각시켜 희망적인 항전만화를 그렸다.

평등(平等)

한 남성이 눈 앞의 개와 눈을 맞추고 있다. 밑에는 투르게니에프의 시 '개'에 나오는 구절 "서로 응시하고 있는 것은 평등한 한 쌍의 눈이다"를 영어로 "They are the eyes of equals"라 적어 놓았다.

뚜르게네프는 개의 눈 속에서 인간과 유사한 심상을 파악한다. 이 시는 왼편에 적힌 홍일법사의 시와 유사하다. 홍일법사의 제시 "나의 육신과 중생의 육신, 그 이름은 다르지만 형체는 다르지 않다. 원래는 같은 종과 성이었으나 다만 육신의 형체가 다를 뿐(我肉衆生肉,名殊體不殊,原同一種性,只是別形軀)"이라는 구절은 중국 위(魏) · 진(晉)시대에 구성된 초기 도교의 경전인 『黃庭經』으로부터 인용한 것이다.

> 방 안에는 우리 둘, 개와 나, 밖에서는 사나운 폭풍이 무섭게 울부짖고 있다. 개는 내 앞에 앉아서 물끄러미 나를 바라보고 있다. 나도 개를 바라보고 있다. 개는 무슨 말인가 나에게 하고 싶어하는 눈치다. 개는 벙어리라 말을 모른다. 자기 자신을 이해하지 못한다. 그러나 나는 개의 심정을 이해한다. 나는 알고 있다. 지금 이 순간, 개도 나도 똑같은 감정에 젖어 있다는 것을, 우리 둘 사이에는 어떠한 간격도 없다는 것을. 우리 둘은 조금도 다를 것이 없다. 똑같이 전율에 떠는 불꽃이 저마다의 가슴 속에 빛나고 있다. 이윽고 죽음이 다가와서 이 불길을 향해 그 싸늘한 넓은 날개를 퍼득거리리라...... 그렇게 되면 누가 알랴, 우리 저마다의 가슴 속에 어떤 불길이 타고 있었던가를? 그렇다 지금 눈길을 교환하고 있는 것은 동물도 아니고 인간도 아니다...... 서로 응시하고 있는 것은 동일한 한 쌍의 눈. 동물과 인간, 이 두 쌍의 어는 눈에도 동일한 생명이 서로를 의지하며 겁먹은 듯 다가서고 있는 것이다

투르게네프 산문시 '개'의 화자는 폭풍의 공포 속에서 갇힌 채 웅크리고 있었지만 개와 인간의 시선이 마주칠 때 순간 개와 나의 구별이나 차이가 무의미 해진다는 것이다. 인간과 동물이 평등하고 생명가치가 똑같다는 것을 깨닫는다.

〈참새둥지를 몰래 들여다 보다(雀巢可俯而窺)〉는 2마리의 참새를 돌보는 2명의 아이들과 창 앞에서 싱싱하게 자라고 있는 두 개의 화분을 그렸다. 홍일법사는 "사람은 사물을 해치지 않고, 사물은 두려워하거나 흔들리지 않으니, 마치 별들이 밝은 달을 에워싸는 것 같다.(人不害物,物不驚擾,猶如明月,衆星圍)"라는 제시를 썼다. 생명이 있는 동물이나 식물을 인간이 함부로 해하지 않기를 바라는 마음으로 생명의 소중함을 나타냈다.

<행복한 동정(幸福的同情)>은 생선이 가득 든 바구니에서 생선들을 방생시키고 있는 할아버지와 손자 손녀를 묘사하였다. 이미 강에서는 두 마리의 물고기가 자유롭게 물길을 가르며 헤엄치고 있다. 제시 '香餌見來須閉口.大江歸去好藏身. 盤渦峻激多傾險.莫學長鯨擬害人.'는 당나라의 시인 백거이의 "放魚詩"의 한 구절에서 온 것이다. 백거이는 江州의 사마로 좌천이 된 후 낚시를 즐겼으나, 바구니 가득 담긴 물고기가 숨을 헐떡이는 모습을 보고 남호에 놓아 주었다는 내용의 시이다.

『호생화집』에서 홍일법사는 "작은 풀이 담장에서 솟아 나와 있는 모습이 아름답다. 마음을 다하여 물을 주었기에 생기가 넘친다."(小草出墻腰,亦▩饒佳致,我爲勤灌漑,欣欣有生意)라는 제시를 통하여 시멘트 벽 사이에서 새싹을 키우는 식물의 강인한 생명력을 표현하고 있다. 풍자개의 채색화로 된 <생기>는 같은 그림이지만 抗戰時機에 다시 그려져 그 의미를 달리한다. 이 그림은 전쟁으로 인해 고통 받는 중국인들에게 열악한 조건에 처해있지만 희망을 갖고 투쟁하라는 메시지를 전하고 있다. 『호생화집』의 <생기>에는 없는 화면의 붉은 색 잠자리를 채색화에는 그려 넣었는데 자연의 변함없는 순환을 상징하고 연약한 풀에 무한한 생명력을 더해줌과 동시에 녹색의 싹과 색채의 대비를 이루면서 화면에 생기를 불어 넣고 있다.

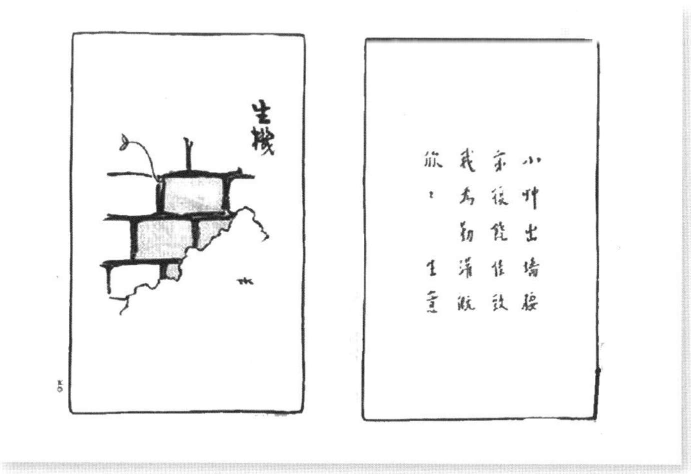

<누가 전쟁터에서 향기와 색깔을 찾기 어렵다고 하였는가? 작은 풀이 모래주머니에서 돋아나니 하늘과 땅에 자상한 마음이여> 이 그림은 풍자개가 계림에 있을 때 하개존을 위해 그린 그림이다. 그 위에는 하개존의 제시가 있는데 내용은 다음과 같다. "자개를 보지 못한지 4년이 지났는데 .... 광흡법사를 상해에서 우연히 만나 그 집을 방문하였는데 소장하고 있던 자개의 그림 20 여폭을 볼 수 있었다. 그 가운데 이 그림을 나에게 주었다." 이 그림은 1938년 봄에 풍자개가 그린 전쟁터의 상황이다. 학생 모자는 어린 학생이 전쟁 중에 죽었다는 것을 나타내고 그러한 절박하고 척박한 상황에서도 새파란 풀잎이 돋아나는 것으로 생명의 집요함과 푸른 희망을 나타낸다.

첫걸음

아이를 괴롭히는 것 같지만 아이에게 이로운 행동

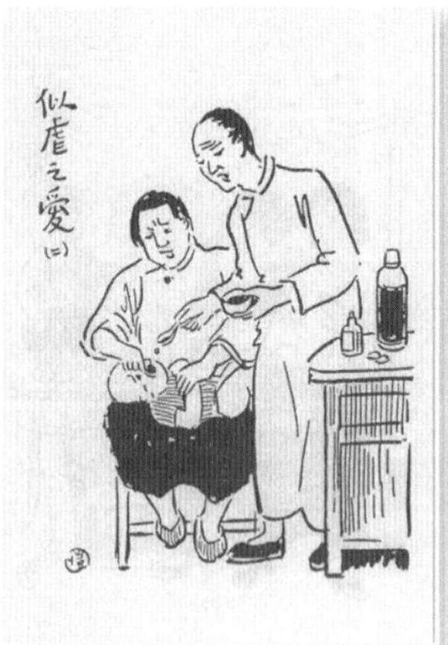

아이를 위하는 것 같지만 아이에게 해로운 행동

부모의 사랑

효자

불평. 불만을 적는 장소

일러바치기

악수를 거절하다.

극단적 이기심

남이야 보든 말든!

원수의 집이 친구의 집이 되다(家變成親家)

“아주머니(大媽), 제가 야채를 왔어요(我替你買菜來了)”라는 작품은 1958년 제작된 것으로 1949년 해방 이전에는 서로 반목하던 이웃이 화해하고 이웃을 위해 물건을 사주는 젊은 부인을 그렸다.

난장판 만들기

일시적인 영웅

눈사람은 추울 때는 단단해도 해가 나면 곧 녹아버린다. 그럼에도 불구하고 마치 영원히 존재할 것처럼 행동하는 것은 큰 오산이다. 그래서 일시적인 영웅이라 했다. 파시즘도 한 때 강성할 뿐 곧 사라질거라는 암시이다.

약육강식

평화 파괴자

연민

꽈당 : 남의 불행이 나의 행복?

놀리기 : 용용 죽겠지?

인간 다리

기계와 사람

아버지가 하는 일

전쟁시의 물자 절약

석양을 좋아함

꽃 심고 가꾸는 걸 좋아해!

II. 정주영 회장

1915년 11월 25일 ~ 2001년 03월 21일

즐겁게 일하기

나는 젊었을 때부터 새벽 일찍 일어난다. 그 날의 할 일에 대한 기대와 흥분 때문에 늦도록 자리에 누워 있을 수가 없기 때문이다. 밤에는 항상 숙면할 준비를 하고 잠자리에 들었다. 새 날이 왔을 때 가뿐한 몸과 마음으로 즐겁게, 힘차게 일을 하기 위해서이다.

고 정주영 회장만큼 많은 일화를 뿌리고 다닌 인물도 드물다. 소학교 졸업의 학력에 맨손으로 출발해 우리나라 근대사의 한 페이지를 장식한 현대그룹을 이끌었기에 그의 주변에는 많은 에피소드가 항상 따라 다녔다.

◇ 소설 「흙」을 읽으며 변호사를 꿈꿨다.

소년 정주영이 16세때 고향 통천을 떠나는 계기가 됐던 것은 당시 모 신문에서 연재한 이광수의 소설 「흙」 때문이었다고 한다. 정주영은 이 소설을 읽기 위해 당시 해당신문을 구독하고 있던 마을 이장 집으로 밤마다 2㎞ 이상을 달렸다. 소년 정주영은 이 소설을 읽으며 도시생활을 꿈꿨고 주인공처럼 변호사가 되기 위해 가출했다. 실제로 상경한 후 정주영은 '법제통신(法制通信)' 등 여러 법학 관련 서적을 독학한 적도 있다고 한다.

◇ '빈대'로부터의 교훈

네 번째 가출로 인천부두에서 막노동을 하던 때 청년 정주영이 머물던 노동자 합숙소는 `빈대'로 들끓었다. 정주영은 어느 날 빈대에 물리지 않을 꾀를 내 탁자 위에서 잠을 잤다. 잠시는 괜찮았다. 그러나 빈대가 탁자 다리로 기어 올라와 물어 뜯기 시작하는 것 아닌가. 정주영은 꾀를 냈다. 탁자다리 네 개를 물 담은 양재기 넷에 하나씩 담가놓고 잠을 잤다. 빈대가 탁자 다리를 타고 올라가다 양재기 물에 떨어져 익사하게 하자는 묘안이었다. 그런데 더 놀라운 것은 빈대들이었다. 빈대들은 벽을 타고 천장으로 올라간 다음 사람을 목표로 뚝 떨어져 목적을 달성했다.

그때 정회장은 하찮은 빈대도 물이 담긴 양재기라는 장애를 뛰어넘으려 그토록 전심전력으로 노력하는데 만물의 영장인 인간이 최선을 다하면 무엇을 못하겠느냐는 교훈을 얻었다.

◇ 유엔군 묘지에 보리물결

1952년 12월 미국 아이젠하워 대통령이 한국에 와서 부산에 있는 유엔군 묘지를 방문하려 했다. 미군측은 당시 엄동설한에 정주영 회장에게 유엔군 묘지를 파란잔디로 깔아 달라는 황당한 주문을 했다.

“12월 한겨울에 파란 잔디라.” 그러나 정 회장에겐 불가능이 없었다.

"풀만 파랗게 나 있으면 되는 것 아니냐"고 반문한 뒤, 정 회장은 보리밭에서 새파랗게 자라는 보리를 수십 트럭 옮겨 심어 묘지를 파랗게 만들었다. 미군은 놀라움을 금치 못했고 이후 미 8군 공사는 정주영의 것이었다.

◇ 500원 짜리 지폐와 초라한 사진의 현대중공업 신화

현대조선소를 설립할 당시 정주영 회장에게 가장 큰 문제는 돈이었다. 정회장은 71년 9월 영국 버클레이 은행으로부터 차관을 얻기 위해 런던으로 날아가 A&P 애플도어의 롱바톰 회장을 만났다. 조선소 설

립경험도 없고, 선주도 나타나지 않은 상황에서 영국은행의 대답은 한 마디로 `NO'였다. 그러나 정회장은 간단히 물러서지 않았다. 갑자기 바지주머니에서 500원짜리 지폐를 꺼내 펴 보였다.

"이 돈을 보시오. 이것이 거북선이오. 우리는 영국보다 300년 전인 1500년대에 이미 철갑선을 만들었소. 단지 쇄국정책으로 산업화가 늦었을 뿐, 그 잠재력은 그대로 갖고 있소"라는 임기응변으로 롱바톰 회장을 감동시켜 차관에 대한 합의를 얻었다. 하지만 선주를 찾는 일이 문제였다. 그때 정주영의 손에는 황량한 바닷가에 소나무 몇 그루와 초가집 몇 채가 선 초라한 백사장을 찍은 사진이 전부였다.

정회장은 이같은 광경이 담긴 미포만 사진 한 장을 쥐고 미친듯이 배를 팔러 다녔다. 결국 정주영은 그리스 거물 해운업자 리바노스를 만나 26만t 짜리 배 두척을 주문받았고 조선소 건립과 동시에 2척의 배를 진수시킨 세계 조선사에 유일한 기록을 남겼다. 이렇게 설립된 현대 조선소는 현재 세계 최대 규모의 조선회사로 성장했다.

◇ 주베일 산업항 대양 수송 작전

사우디아라비아의 주베일 산업항 건설 당시 정 회장은 시간과 비용을 절감하기 위해 모든 기자재를 울산조선소에서 제작해 세계 최대의 태풍권인 필리핀 해양을 지나 동남아 해상, 인도양을 거쳐 걸프만까지 대형 바지선을 끌고 가는 대양 수송 작전이라는 아무도 생각지 못할 모험을 시도했다.

수송도중 대형 파이프 자킷이 태풍으로 해난사고가 날 것에 대비해 자킷이 해면에 떠있도록 하는 공법을 강구하는 치밀함도 있었다. 당시 선진국들을 더욱 놀라게 한 것은 자킷 설치공사 착수와 함께 자킷을 연결하는 빔 제작도 설계대로 울산에서 제작한 사실이다.

수심 30m나 되는 곳에서 파도에 흔들거리면서 중량 500t짜리 자킷을 한계 오차 5㎝ 이내로 정확히 20m 간격으로 심해에 설치한다는 것은 사실 불가능한 일이었다.

그러나 정 회장의 창조적인 발상과 그칠줄 모르는 도전의식은 가로 18m 세로 20m 높이 36m로 무게가 500t이나 되는 자킷 89개를 울산에서 운반해와 5㎝이내의 오차로 완벽하게 설치하는 것을 가능케 했다. 이렇게 만든 주베일 산업항은 20세기 최대의 역사 중의 하나가 되었다.

◇ 올림픽 유치와 꽃바구니

한국과 일본이 올림픽 유치전을 벌일 때 당시 한국이 유치에 성공할 것이라고는 아무도 생각지 않았다. 하지만 올림픽 유치위원장이었던 정 회장은 현대의 해외 파견 직원들을 동원해 IOC 위원들에 대한 세밀한 신상 파악으로 성향을 분석하고 경쟁유치국의 활동상황까지 치밀하게 분석했다. 그중 압권은 '바구니 전략'이었다. 정회장은 한국의 IOC 위원들의 반대에도 불구하고 꽃바구니 하나씩을 각국 IOC위원 방에 넣어 주었다. 그 꽃바구니는 단순히 주문된 것이 아니라 현대의 해외 파견 직원 부인들이 정성스럽게 하나하나 만든 것이었다. 꽃바구니의 반응은 의외로 대단했다.

그 다음날 각국 IOC위원들이 회의를 끝내고 한국 대표단을 보면 반가워하며 아름다운 꽃을 보내줘 감사하다는 인사를 진심으로 전했다.

그러나 최고급 일본 손목시계를 선물했던 일본에는 감사 인사가 없었던 것을 고려하면 값비싼 선물보다 마음과 정성이 담긴 작은 선물이 더 효과적이었다는 것을 알 수 있다.

이 사건을 계기로 각국 IOC 위원들의 반응은 상당히 호의적으로 변했고 그 동안 정주영과 현대 임원들이 펼친 유치활동은 성과를 나타내기 시작했다. 결국 사마란치 IOC 위원장이 "쎄울 코리아"를 외치면서 한국과 일본의 올림픽 유치전은 한국의 승리로 끝났다.

◇ 서산 간척지의 유조선 공법

80년초 정회장은 바다를 메워 농지를 만드는 대규모 간척사업에 돌입했다. 서산앞바다는 조수간만의 차가 너무 커 20만t 이상의 돌을 구입해 매립해야만 물막이가 가능한 곳이었다. 이 때 정회장은 공사비 절감과 공기단축 방안을 강구하다 대형 유조선으로 조수를 막고 바윗덩어리, 흙, 버럭 등 현장 근처에서 쉽게 구할 수 있는 재료로 물막이를 할 수 있다는 기상천외한 아이디어를 냈다.

정 회장은 "간척지 최종 물막이 공사는 인력으로는 감당하기 어려운 공사이며 설사 인력으로 한다고 하더라도 그 엄청난 비용이 문제"라며 "밀물과 썰물 때의 빠른 물살을 막기 위해 폐유조선을 가라앉혀서, 물줄기를 차단 내지 감속시킨 다음 일시에 토사를 대량 투하하면 물막이 공사를 완성할 수 있다"며 현대의 간부진에게 제안했다.

유조선 공법에 대한 실행 가능성을 현대의 기술진이 면밀하게 분석한 후 성공가능성이 높다고 판단되자 정 회장은 84년 2월 24일 직접 유조선에 올라 최종 물막이 공사를 진두 지휘했고 보기좋게 성공했다. 그래서 이 '유조선 공법'을 '정주영 공법'이라고도 부른다. 이 공법

덕분에 현대건설은 계획공기 45개월을 35개월이나 단축, 9개월 만에 완공시켜 총 공사비를 280억원이나 절감했다. 이 사건은 이후 뉴스위크와 뉴욕타임즈에 소개되기도 했다.

◇ 소떼를 몰고 방북

유년시절 정주영 가(家)에서 소는 생계의 밑천이요, 가족과 같은 존재였다. 그러나 정주영은 어린 시절 가난이 싫어 소 판 돈을 갖고 무작정 상경했다. 그 후 노동판의 막일꾼에서 세계적인 기업가로 성공하기까지 정 회장은 묵묵히 일 잘하고 참을성 있는 소를 성실과 부지런함의 상징으로 삼고 인생을 걸어왔다고 한다.

지난 98년 6월 정 회장은 민간기업인 최초로 소떼와 함께 판문점을 통해 방북하면서 "이제 그 한 마리가 천 마리의 소가 되어 그 빚을 갚으러 꿈에 그리던 고향산천을 찾아간다", "이번 방북이 한 개인의 고향방문을 넘어 남북 간의 화해와 평화를 이루는 초석이 되기를 진심으로 바란다"고 말했다. 이후 정 회장의 간절한 바람은 김대중 대통령과 김정일 북한 국방위원장의 만남으로 이어졌다. 김대중 대통령은 노벨 평화상을 받았다.

1975년 여름 어느 날, 박정희 대통령이 현대건설의 정주영 회장을 청와대로 급히 불렀다. "달러를 벌어들일 좋은 기회가 왔는데 일을 못하겠다는 작자들이 있소. 지금 당장 중동에 다녀오시오. 만약 정 사장도 안 된다고 하면 나도 포기하지요."

정 회장이 물었다. “무슨 얘기입니까?” ‘1973년도 석유파동으로 지금 중동국가들은 달러를 주체하지 못 하는데 그 돈으로 여러 가지 사회 인프라를 건설하려 하는데, 너무 더운 나라라 선뜻 일하러 가는 나라가 없는 모양이오. 우리나라에 일할 의사를 타진해 와서 관리들을 보냈더니, 2주 만에 돌아와서 하는 얘기가 너무 더워서 낮에는 일을 할 수 없고, 건설공사에 절대적으로 필요한 물이 없어 공사를 할 수 없는 나라라는 거요’.

“그렇습니까? 오늘 당장 떠나겠습니다.”

정 주영 회장은 5일 만에 다시 청와대에 들어가 박정희 대통령을 만났다.

“지성이면 감천이라더니 하늘이 우리나라를 돕는 것 같습니다.”

박 대통령이 대꾸했다.

“무슨 얘기요?”

“중동은 이 세상에서 건설공사 하기에 제일 좋은 지역입니다.”

“뭐라구요!”

1년 12달 비가 오지 않으니 1년 내내 공사를 할 수 있고요.”

“그리고?”

“건설에 필요한 모래, 자갈이 현장에 있으니 자재 조달이 쉽고요”

“물은?”

“그거야 어디서 실어오면 되고요.”

“50도나 되는 더위는?” “낮에는 천막을 치고 자고 밤에 일하면 되지요.”

박 대통령은 벨을 눌러 비서실장을 불렀다.

"임자, 현대건설이 중동에 나가는 데 정부가 지원할 수 있는 것은 모두 도와줘!"

정회장 말대로 한국 사람들은 낮에는 자고, 밤에는 횃불을 들고 일을 했다. 밤에 차를 타고 지나가던 사우디왕도 놀랐고 세계가 놀랐다. 달러가 부족했던 그 시절, 30만 명의 일꾼들이 중동으로 몰려나갔고 보잉 747 특별기편으로 달러를 싣고 들어왔다. 한국의 외환보유고가 급격하게 늘었다.

큰 나무도 본래는 작은 묘목

III. 이병철 회장

이병철 회장이 일본에서 대학을 다니다가 그만두고, 자신의 고향인 경남 '의령'에서 농사를 지을 때의 이야기이다. 이 분의 이재술이 얼마나 뛰어난지를 보여주는 일화이다. 당시의 논 1마지기(200평)에서는 농사가 잘 되어야 쌀 2가마니가 생산되던 시절이었다.

이회장은 시험 삼아 논 1마지기에는 벼를 심고, 그 옆에 있는 또 다른 한 마지기는 '미꾸라지' 새끼 1,000마리를 사다가 봄부터 길렀다. 가을에 수확 때까지 양쪽 모두 똑같은 비용을 투입하여, 각각 재배하고 길렀는데, 벼를 심은 논에서는 역시 쌀 2가마니가 생산되었고, 미꾸라지를 기른 논에서는 커다란 미꾸라지가 약 2,000마리로 늘어났다. 그것을 전부 잡아서 시장에 팔았더니 쌀 4가마니 값을 받았다.

그 다음 해에 한쪽 논 200평에는 역시 어린 미꾸라지 1,000마리를 작년과 같이 길렀고, 다른 논 200평에는 미꾸라지 1,000마리와 미꾸라지를 잡아먹고 사는 천적(天敵)인 '메기' 20마리를 같이 넣고 길렀다. 가을에 수확을 하니, 처음 논에는 2,000마리의 미꾸라지가 생산되었고, 메기와 미꾸라지를 같이 넣어 길렀던 다른 논 200 평에서는 메기들이 열심히 미꾸라지를 잡아먹었는데도, 4,000마리로 늘어났고, 메기는 200마리로 늘어났다. 그래서 그걸 모두 팔았더니 훨씬 더 많은 돈을 벌었다. 미꾸라지도 편한 환경보다 약육강식의 상황에서 더 번식을 많이 했던 것이다.

◆ 삼성그룹 창업주 이병철 회장님 명언

사회에 필요한 사람

자기를 나타내는 것보다 조직 자체를 키우고, 조직이 크는 것으로 자기 만족을 느끼고, 눈에 잘 띄지 않지만 틀림없이 해내고, 자기의 공을 내새우기 보다는 다른 사람의 공을 이야기하고, 자기 절제를 잘하고, 아랫사람을 키우는 사람이 회사에 필요한 사람이다.

부자 옆에 줄을 서라.
산삼 밭에 가야 산삼을 캘 수 있다.

부자처럼 생각하고 부자처럼 행동하라.
나도 모르는 사이에 부자가 되어있다.

항상 기뻐하라.
그래야 기뻐할 일이 줄줄이 따라온다.

남의 잘됨을 축복하라.
그 축복이 메아리처럼 나를 향해 돌아온다.
써야할 곳 안 써도 좋을 곳을 분간하라.
판단이 흐리면 낭패가 따른다.

자꾸 막히는 것은 우선 멈춤 신호이다.
멈춘 다음 정비하고 출발하라.

힘들어도 웃어라.
절대자도 웃는 사람을 좋아한다.

들어온 떡만 먹으려 말라.
떡이 없으면 나가서 만들어라.

기도하고 행동하라
기도와 행동은 앞바퀴와 뒷바퀴이다.

자신의 영혼을 위해 투자하라.
투명한 영혼은 천년 앞을 내다본다.

마음의 무게를 가볍게 하라.
마음이 무거우면 세상이 무겁다.

돈은 거짓말을 하지 않는다.
돈 앞에서 진실 하라.

씨 돈은 쓰지 말고 아껴두어라.
씨 돈은 새끼를 치는 종자돈이다.

샘물은 퍼낼수록 맑은 물이 솟아난다.
아낌없이 베풀어라.

헌 돈은 새 돈으로 바꿔 사용하라.
새 돈은 충성심을 보여준다.

적극적인 언어를 사용하라.
부정적인 언어는 복 나가는 언어이다.

깨진 독에 물을 붙지 말라.
새는 구멍을 막은 다음 물을 부어라.

요행의 유혹에 넘어가지 말라.
요행은 불행의 안내자이다.

자신감을 높여라.
기가 살아야 운이 산다.

검약에 앞장서라.
약 중에 제일 좋은 약은 검약이다.

장사꾼이 되지 말라.
경영자가 되면 보는 것이 다르다.

서두르지 말라.
급히 먹은 밥은 채하기 마련이다.

세상에 우연은 없다.
한번 맺은 인연을 소중히 하라.
돈 많은 사람을 부러워 말라.
그가 사는 법을 배우도록 하라.

본전 생각을 하지 말라.
손해가 이익을 끌고 온다.
돈을 내 맘대로 쓰지 말라.
돈에게 물어보고 사용하라.

느낌을 소중히 하라.
느낌은 신의 목소리이다.

돈을 애인처럼 사랑하라.
사랑은 기적을 보여준다.

기회는 눈 깜빡 하는 사이에 지나간다.
순발력을 키워라.

말이 씨앗이다.
좋은 종자를 심어라.

작은 것 탐내다가 큰 것을 잃는다.
무엇이 큰 것인지를 판단하라.

돌다리만 두드리지 말라.
그사이에 남들은 결승점에 가있다.

돈의 노예로 살지 말라.
돈의 주인으로 기쁘게 살아라.

절망 속에서도 희망을 잃지 말라.
희망만이 희망을 키운다.
불경기에도 돈은 살아서 숨 쉰다.
돈의 숨소리에 귀를 기울여라.
인색하지 말라.

인색한 사람에게는 돈도 야박하게 대한다.

더운밥 찬밥 가리지 말라.
뱃속에 들어가면 찬밥도 더운밥이 된다.

좋은 만남이 좋은 운을 만든다.
좋은 인연을 소중히 생각하라.

효도하고 또 효도하라.
그래야 하늘과 조상이 돕는다.

있을 때 겸손 하라.
그러나 없을 때는 당당 하라.

한 발만 앞서라.
모든 승부는 한 발자국 차이이다.

돈은 돈을 좋아한다.
생기는 즉시 입금시켜라.

티끌 모아 태산이 된다.
작은 돈에도 감사하라.

마음이 가난하면 가난을 못 벗는다.
마음에 풍요를 심어라.

돈이 가는 길은 따로 있다.
그 길목을 지키며 미소를 지어라

Ⅳ. 김우중 회장

세계는 넓고 할 일은 많다

김우중은 샐러리맨의 우상이었다. 장사꾼들의 롤 모델이기도 했다. 해방 후 한글로 교육 받았고 대학교육까지 받은 첫 세대의 선두 주자이기도 했다. 평범한 회사원이던 그는 1967년 대우실업을 창업했다. 그의 나이 31세, 자본금 500만원, 5명의 직원으로 시작했다. 30년 동안 이어진 그의 신화적인 성공스토리는 새로운 가치를 창출했다. 김우중은 국제 무역에 탁월했으며, 기업을 사고파는 인수합병에도 능했다.

인도네시아

사업을 한참 일으키던 초창기의 일이다. 대우는 인도네시아의 '떼(The)'라는 무역상과 거래를 하고 있었다. 당시 돈으로 원단 한 마에 20센트씩 하던 때였다. 그런데 인도네시아 당국이 수입을 철저히 규제하는 바람에 갑자기 원단 시세가 반 이하로 뚝 떨어져 버렸다.

그렇지만 장기 계약을 한 상태여서 무역상 '떼'로서는 손해가 나더라도 어쩔 도리가 없이 계속 물건을 가져갈 수밖에 없었다. 그걸 알고서 김우중은 상대방이 손해를 적게 보게 하려고 물건을 덜 실어 보냈다. 그럼에도 불구하고 '떼'는 부도를 낼 수밖에 없는 처지에 몰린다. 당장 30만 달러가 없으면 은행에서 차압이 들어올 지경에 이르렀고, 김우중은 30만 달러를 직접 쫓아가 도와준다. 당시 대우의 자본금이 1만 달러 정도였으니 엄청나게 큰돈이었고, 또 대단한 결단이었다.

그런데 1년이 지나면서 갑자기 판도가 바뀐다. 인도네시아 시장이 완전히 회복되면서 원단 값이 다시 한 마에 36센트까지 뛰어 오른다. 그 전에 17센트에 공급하기로 장기계약을 해 놓았음에도, '떼'는 35센트씩 주면서 가져갔다. 35센트에 사 가도 시세보다 2센트가 싸니까 충분하다는 것이었다. 17센트짜리를 35센트에 팔게 됨으로써 대우는 그 당시 100만 달러 정도를 벌게 된다.

김우중은 사람의 마음을 먼저 사라고 말한다. 보통 세일즈맨은 자기 물건을 먼저 팔려고만 든다. 하지만 상대방의 입장에서 보면 다 식상한 얘기다. 반대로 상대방의 입장에서 그들이 고민하고 있는 것이 무엇인가를 살펴 해결책을 제시해 보라. 상대방의 눈이 번쩍 뜨일 것이다. 사회주의 국가와의 교역에서 먼저 사주는 것이 비즈니스의 요령이다.

대우가 가장 먼저 진출한 나라가 헝가리다. 리비아 공사 등에서 필요한 것이 고기였다. 오랫동안 헝가리에서 쇠고기를 사주었고 그 인연을 디딤돌로 해서 호텔, 은행 등 사업을 벌일 수 있었다.

리비아

기업가들이 세운 건물, 다리, 수많은 문명의 창작물들은 무에서 유를 창조하는 예술품과 다를 바 없다. 20세기의 세계적 창조물 가운데 우리 기업인들이 일구어낸 것들이 많다. 리비아 대수로 공사도 그중 하나이다. 이 공사는 리비아 남부 사막 지역의 지하수를 개발하여 송수관을 통하여 북부 지중해 연안 지대까지 끌어들여 광대한 사막과 황무지를 농경지로 바꾸는 사업이다. 동아건설이 시공을 맡았고, 총 4단계로 나누어 진행한 대수로 공사는 1단계 공사만 1,895㎞를 1984년 착공하여 1991년에 완공하였다. 세계가 놀라고 찬사를 보냈다.

김우중 회장은 리비아 남단 국경지대의 사막 한복판에 비행장을 건설하기로 계약했다. 이탈리아 건설업체도 시공을 포기한 이 공사는 무모한 계약이라는 비판이 쏟아졌다. 하지만 김우중은 밀어붙였다. 1979년 12월 22일 대우 선발대 50여 명이 리비아의 황량한 사막에 도착했다. 이들의 눈에 보이는 것은 물 한 방울 나지 않는 죽음의 땅인 황량한 사막뿐이었다. 그러나 선발대는 후퇴라는 것은 생각할 수 없었다. 첫날부터 모래바람과 싸워야 했던 그들은 말 그대로 무에서 유를 창조한다는 각오로 도전했다.

우선 3백 명이 숙식할 수 있는 캠프를 설치하고 건설 본부와 현장을 잇는 2천 킬로미터의 도로공사부터 진행했다. 그리고 4백 킬로미터 떨어진 곳에서 물을 실어다 날랐다. 한낮의 더위는 트럭의 보닛에 계란을 깨면 바로 익을 정도였다. 공사가 이루어질 때까지 1년간 이들의 야영생활은 상상할 수 없는 역경과 괴로움을 극복한 인간승리의 사례였다.

리비아 사람들은 대우의 건설작업을 보고 혀를 내두르며 감탄했다. 그러나 처음 사막에서 우물을 개발하겠다는 건설 본부의 계획을 듣고 모두가 고개를 휘저으며 황당한 계획이라며 반대했다고 한다.

2주간의 광범위한 조사가 끝나고 땅을 파 들어가기 시작했다. 한 달 후 지하 60미터에서 수맥을 발견하고, 드디어 지하 233미터를 파내려 가자 물이 솟아올랐다. 사막의 오아시스를 대우의 힘으로 만든 작업팀의 기쁨과 사기는 하늘을 찌르며 곧바로 비행장 건설작업으로 이어졌다.

벽에 걸린 온도계는 더 올라갈 눈금이 없었지만 작업반의 투지는 계속 상승했다. 이렇게 신화가 계속되자 리비아의 지도자 무아마르 카다피는 지휘관과 정부요인을 대동하고 예고 없이 현장을 방문해 10여

일간 야영생활을 함께하며 독려했다.

카다피는 심야에도 대낮같이 불을 밝히고 불철주야 작업에 몰두하는 대우인의 도전정신에 감복했다. 리비아의 우조비행장은 불퇴전의 용기와 개척정신으로 최단 기일 내에 건설한 리비아 최대의 자랑거리가 되었다.

대우는 그 이후 20년 동안 리비아 도로의 1/3을 건설한다. 주택 1만 5천 세대를 짓는다. 학교도 270개 지었다. 대우에는 김우중과 함께 역사를 만들었던 사람들이 많았다. 그들에게는 역사를 이룬 성취감과 자부심 그리고 뿌듯함이 있었다. 대우가 해체된 지도 한참 지났지만 지금도 그들은 모여 과거를 이야기하고 그 영광의 순간을 기억한다.

우즈베키스탄

김우중의 신화가 살아있는 우즈베키스탄에는 전설 같은 얘기가 많다. 1990년대 중반 대우의 한 임원이 우즈베키스탄의 고위 공무원을 만나 얘기를 나눴다. 임원의 비행기 출국 시간이 됐다. 그 임원이 '비행기 출국 때문에 일어서야 한다.'고 하니, 고위 공무원은 공항에 전화를 걸어 '비행기 이륙 시간을 늦추라'고 했다. 그 당시 대우의 위상이 그러했다.

인간존중

대우가 해외 건설 공사를 본격적으로 시작할 무렵의 일이다. 날씨가 몹시 무더운 여름 한낮 회사 건물 앞에 사람들이 길게 줄을 서 있었다. 대부분 여자인 그들 중에는 어린아이를 업고 있는 이도 있었다. 그늘도 없는 뙤약볕에서 그들은 땀을 뻘뻘 흘리며 서 있었다. 그들은 대우에서 파견한 해외 근로자의 가족들이었다.

그들은 불볕더위 속에 땀을 흘리며 있는데, 그들을 상대하는 직원들의 사무실은 냉방이 잘 되어 서늘했다. 김우중은 책임자를 불렀다. "자네가 저 뙤약볕에 나가서 서 있어 보게. 어디 5분만 나가 있어 봐......"

그 책임자는 공간이 모자라서 어쩔 수 없다고 변명했지만, 김우중에게는 통하지 않았다. 뜨거운 햇볕 아래 땀을 훔치고 있는 이들이 자기 회사의 가족들이라는 생각이 들었다면, 무슨 수를 쓰든 방법을 강구했을 것이다. 진정한 장사꾼은 사람을 존중한다. 김우중이 제일 존경한다는 이병철도 그러했다.

전문가 도사론(道士論)

일본에는 별의별 취미를 가진 사람이 많고 오랫동안 한 가지 일에 몰두하는 사람이 많다. 그러나 한국에는 오랜 역사를 가진 기업이 별로 없다. 사람도 일회용으로 쓰고 버리는 경우가 허다하다. 인재를 키우는 것보다 더 값진 일은 없다. 김우중은 각 분야에서 도사라 부를 수 있는 사람들이 많아야 진정한 기술대국, 선진국의 꿈을 이룰 수 있다고 생각했다.

새 책 읽기

최초의 독서

공부 열심히

연구

V. 라브와지에

1788년에 다비드가 그린 앙뜨안느 로랑 라브와지에
(출생 1743. 8. 26 ~ 1794. 5. 8.사망)와 그의 부인 마리안느 로랑 라브와지에

책상 주변의 실험기구들, 학구적이며 자상한 남편, 현명하며 사랑스러운 아내! 이들은 서로를 존중하고 흠모하는 사랑스러운 부부들이다. 빨간 테이블보가 두 사람간의 사랑을 표시, 남편의 어깨에 팔을 올린 사랑스러운 부인, 부인의 꽃잎 같은 하얀 드레스 옆에 남성의 상징 같은 오른발이 나와 있다.

남편의 검푸른 옷은 고귀함, 지성, 비밀스러움을, 부인의 하얀 옷은 순결과 순수를, 하늘색 허리띠는 내적 평화를 상징한다. 남편의 옷 색깔이 부인의 흰색 옷을 더 돋보이게 한다. 푸른빛이 도는 녹색 벽은 넉넉하고 평안한 집의 분위기를 나타낸다.

라브와지에는 1743년 파리에서 출생하였다. 그의 아버지는 당시 유명한 변호사였고 집안은 부유하였다. 1754년에서 1761까지 Quatre-Nations중고등학교에 다녔다. 그 곳에서 수학, 화학, 식물학 등을 배웠다. 1761년 에서 1763년 까지 파리 대학에서 법을 배웠다. 이 기간 동안 자연과학도 배웠다. 1764년 첫 저작물이 나왔다. 1768년 5월 18일 24살의 나이에 과학 아카데미 위원으로 선임되었다. 법에 대한 연구는 정치에 대한 관심으로 이어져 26세의 나이에 세금징수원이 되었다. 그때부터 알자스지방의 칼륨에서 초산염을 추출하는 방법을 개선시키는 노력, 무게와 부피 측정에 일관적인 측도를 부과하기 위한 미터법 체계를 개선시키는 노력 또 프랑스의 화폐 제도 개혁, 조세제도 개혁을 위하여 연구했다. 세금징수원으로서 사용한 유럽에서 가장 정교한 저울이 그의 화학 실험에 중요한 도구로 사용될 수 있었다.

그의 직업은 조세담당 관리였지만 과학연구를 계속하였다. 그가 발표한 최초의 논문은 석고(石膏)에 관한 실험적 연구였다. 1768년 25세의 젊은 나이로 아카데미 부회원(副會員)이 되고, 그해 겨울에 시도한 '페리칸의 실험'에서는 물이 흙으로 변한다는 아리스토텔레스 이후의 원소변환설을 완전히 뒤엎었다(페리칸은 당시의 증류기로서, 반복하여 증류가 가능하였다).

1771년 12월 16일 Saint-Roch성당에서 세금징수인 조합 선배의 딸인 13살의 마리안느 뻬레트 뽈즈(Marie-Anne Pierrette Paulze)와 결혼했다. 그녀는 본래 과학에 큰 관심이 없었으나 결혼 후 실험실의 남편 옆에 붙어서 화학 실험을 도왔다. 실험 기자재 정리는 물론 노트에 모든 과정과 결과를 일일이 적었다. 그녀는 그림 그리기에 재능이 있었는데 필요한 그림들을 직접 그렸고, 라브와지에의 역사적인 저서『화학의 기초』에 실린 삽화들은 모두 그녀의 솜씨이다. 외국어도 능통해서 외국의 학설들을 번역하거나 남편의 논문을 외국어로 옮기기도 했다. 저녁에는 많은 과학자들을 초청하여 과학토론이 끝없이 이어지게 했다. 과학자의 부인으로서의 완벽한 내조였다.

라브와지에의 화학적 업적의 핵심은 새로운 연소이론의 확립이다. 이 연구는 1772년 다이아몬드의 연소실험 보고로 시작되었는데, 이어 인, 황, 금속의 연소실험을 밀폐기 속에서 실시하여, 공기가 흡수되는 것을 보여주었다.

이 해는 이산화탄소를 중심으로 하는 영국의 기체연구가 도입된 시기였으며, 그는 연소의 연구를 기체연구와 결부시킴으로써 '화학혁명'을 수행하려고 했다. 그러기 위해서는 당시 널리 보급되어 있던 플로지스톤설(說)과 보일의 '불의 입자설'을 극복해야만 했다. 1774년 1월 출판한『물리학적 화학적 논문집』은 이와 같은 연구를 정리한 것으로, 기체연구의 역사와, 특히 납[鉛]을 밀폐기 속에서 연소시켜 연단(鉛丹)으로 변화시키면 공기가 흡수되며, 반대로 연단을 숯과 함께 연소시키면 공기(사실은 이산화탄소)가 발생한다는 유명한 실험이 기록되어 있다.

이것은 연소할 때 정체불명의 플로지스톤(phlogiston)이 발생한다는 설(說)을 극복하는 것처럼 보였으나, 플로지스톤의 덩어리라고도 할 수 있는 숯의 도움을 필요로 하는 점에서, 아직도 완전한 이론이 되기에는 거리가 멀었다. 그러나 같은 해 4월에는 금속이 연소된 다음에 중량 증가현상이 일어나는 것은 보일이 말한 것처럼 불의 입자가 부착되기 때문이 아니고, 공기의 일부가 흡수되기 때문이라는 것을 알아내었다. 그러나 그것이 무엇이냐에 관해서는 아직 규명하지 못하였다. 하지만 같은 해 10월에 있었던 J.프리스틀리의 파리 방문을 통해 그의 실험결과를 접하고 실마리를 찾게된다. 프리스틀리는 적색 수은의 연소로 발생하는 새로운 기체(사실은 산소기체)를 암시하였는데, 동시에 이것은 숯과 플로지스톤의 도움 없이 일어나는 연소현상이라는 점에서 라부아지에를 고무시켰다.

계속되는 3년 동안의 실험을 통해 그는 공기가 두 종류의 기체로 되어 있으며, 하나는 연소와 호흡에 쓰이고, 다른 하나는 유독기체(질소가스)라는 점을 밝혀내었다. 그는 산소를 발견하지는 않았지만 산소의 정체를 규명하고 최초로 산소를 명명한 화학자였다.

1783년 6월 24일은 그가 물을 산소와 수소로 분해한 날이다. H.캐번디시에게 뒤지기는 했지만 물의 생성과 분해실험을 하여, 오랜 세월 통용했던 물 원소설[水元素說]을 비판했다(1783). 이와 같이 물과 이산화탄소의 분석을 근거로 하여 처음으로 유기물의 원소분석을 하였다(1784). 이 연소이론으로 호흡현상이 해명되었다. 즉, 산소를 마셔 이산화탄소를 토해내는 것을 동물과 사람으로 실험했고, 라플라스와 함께 빙열량계(氷熱量計)를 고안하여 호흡이 연소와 동일한 것이라는 점을 밝혀, 열화학(熱化學)의 기초를 닦았다(1782 1783).

이같은 새로운 화학이론을 발표하기 위해 베르톨레, L.B.기통 드 모르보, A.F.푸르크루아 등과 협력하여 낡은 화학술어를 버리고 새로운 『화학명명법』을 만들어 출판했으며(1787), 이것은 현재 사용되는 화학술어의 기초가 되었다. 또한 화학의 체계적인 저술인 『화학교과서』(1789)를 출판하였는데, 이 속에는 질량불변의 법칙과 원소개념의 정의가 있고 광소(光素), 열소(熱素)를 포함한 33개의 원소표가 기재되었으며, 원소를 '화학 분석이 도달한 현실적 한계'라고 정의하고 있다.

37세에는 세금징수인 조합장이 되었다. 그렇게 세금징수원과 화학자로, 사랑스런 남편과 아내로 깨소금 냄새를 풍기며 재밌게 사는데 프랑스 혁명이 닥쳐왔다. 부르봉 왕조를 위해 일한 세금징수원의 처지가 위험한 상황에 놓이게 되었다. 그 당시는 국세청 같은 관청이 없고 민간인들에게 그 임무를 주어 세금징수인 조합을 만들어 완장을 차고 사람들을 쥐어짜는 것으로 업을 삼았기에 원성이 자자했다. 라브와지에는 쥐어 짜는게 아니라 정확한 세금징수로 일반인들의 손해를 줄여주려 했고 화폐개혁도 마찬가지 이유에서 였다. 그러한 원칙과 규칙을 위해 살아온 라브와지에의 업적도 동료 세금징수원들에 대한 원망 속에 무시되었다.

특히 로베스피에르의 공포 정치가 시작되면서 라브와지에의 목숨은 경각에 달려있었다. 라브와지에는 사형선고를 받고 자기 변호를 했다. "살려 달라는 것도 아닙니다. 지금 가장 중요한 실험을 앞두고 있으니 나를 조금만 더 살려서 그를 완성하고 죽게 해 주십시오." 그러자 혁명 재판소장 장 밥티스트 코피날은 "공화국에는 학자나 화학자가 필요 없소. 정의의 흐름은 멈출 수가 없소" 라고 말했다.

아내는 남편의 목숨을 구하기 위해 사방팔방을 돌아다니며 부탁을 했다. 그러니 말 한 마디 잘못해도 혁명의 적으로 몰려 기요틴에 머리가 잘릴지 모르는 판에 라브와지에를 위해 변호하는 사람은 없었다. 위대한 수학자 라그랑쥬도 라브와지에 부인의 호소에 묵묵부답했다.

라브와지에는 처형 당시 이런 유언을 남겼다.

"나는 충분히 길고 행복한 삶을 살았다. 더 이상 무엇을 원하겠는가? 내게 내려진 이 상황은 나에게 아마 늙은이로서의 불편함을 겪지 않도록 해 줄 것이다. 나는 늙은이로 죽지 않을 것이고 이것 또한 나에게 주어진 축복으로 생각한다."

죽음 앞에서도 투철한 실험 정신

프랑스의 28명의 세금징수인 중 한 명으로서 라브와지에는 죽으면서도 과학자의 태도를 보였다. 50살의 나이인 1794년 5월 8일 그는 친구들에게 이렇게 말하고 단두대에 오른다. "사람이 목이 잘려나간 후 얼마나 생존하는지?, 의식은 얼마나 남아 있는가? 알 수 있는 길은 아마도 이 방법 밖에는 없겠지. 내가 목이 떨어지면 그때부터 계속 눈을 깜박일 테니까. 얼마나 깜박이는지 시간을 재 보게" 라브와지에의 머리가 잘리고 나서 15초 동안 눈을 깜박였다고 전해진다.

라브와지에의 구명운동에 묵묵부답했던 대 수학자 J.L.라그랑주는 "이 머리를 베어버리기에는 일순간으로 족하지만, 이러한 두뇌가 나오려면 백여 년도 더 걸릴 것이다."라고 그의 죽음을 애도했다.

부인의 역할

아버지와 남편이 같은 날 목이 떨어지고 마리 라브와지에도 감옥에 갇히는 신세가 된다. 그러나 그녀가 기요틴의 칼날에 목이 달아나기 전, 루베스피에르가 체포되고 그의 목이 먼저 잘렸다.

감옥에서 풀려난 아내가 가장 먼저 한 일은 라브와지에의 연구 기록을 돌려받는 일이었다. 혁명 정부는 라브와지에의 목을 친 후 그 모든 자료와 기록을 없애버리려고 압수했었다. 그러나 마리 라브와지에의 끈질긴 노력으로 남편의 실험 자료를 돌려받게 되었다. 그녀는 라브와지에의 시신을 수습하여 정식으로 장례식을 치렀다. 이때 다른 화학자 동료들도 라브와지에를 아까워하면서 구명 호소에는 냉담했던 라그랑쥬도 참석했다. 마리는 그들을 쳐다보지도 않고 가시 돋힌 말을 쏘아부쳤다. "남편의 연구에 숟가락 하나도 얹을 생각하지 마시오."

빼어난 미모에 총명하여 한 남자와 재혼을 했지만 다시 이혼해 평생 혼자 살았다. 평생 라브와지에를 잊지 못했던 마리에게 재혼이란 무의미했다. 남편이 남긴 기록이야말로 남편과의 행복한 결혼, 연구생활의 증거였고 자신의 노력과 재능도 들어있는 소중한 보물이었다.

마리 라브와지에는 화학자는 아니었지만 그녀가 가진 재능과 사랑으로 라브와지에의 연구를 정리하고 꽃피웠다. 어떤 이는 라브와지에를 '화학의 아버지'로, 그녀를 '화학의 어머니'라고 부르기도 한다.

VI. 단지 립스틱 때문에?

독일 서부 하노버 근교의 베르겐벨젠 강제수용소! 이곳에서 최소 33,000명이 사망했고, [안네의 일기의]의 저자 안네 프랑크도 종전 직전인 1945년 3월 이곳에서 티푸스로 사망했다. 1945년 4월 15일 영국군 제58사단의 포병연대가 수용소를 해방시키자 그 곳에 남아있던 유태인 생존자와 간수들을 발견했다. 그 곳의 위생 상태는 너무나 열악하여 수용소가 해방된 후에도 수백 명이 티푸스로 사망했다. 독일 강제노동 수용소가 얼마나 비인간적이었는지, 화장실, 난방, 적십자 구호활동이 있던 아우슈비츠는 다른 수용소 보다 훨씬 좋은 조건이었다 한다. 또 수용소에서는 지나치게 과열된 성행위로 많은 아이들이 탄생했다.

학살, 강간, 고문 등 인간이 할 수 있는 가장 사악한 일들만이 일어나던 그곳에서 여죄수들은 피골이 상접한 채 의기소침하게 늘어져 있었다. 그런데 그 곳에 기적이 일어났다. 무슨 사무 착오인지 1945년 4월 독일 베르겐-벨젠 유태인 강제수용소에 주홍색 립스틱만 구호품으로 대량으로 도착했다. 그 립스틱을 나누어 주자 지금까지 죽음의 공포와 허기 속에서 늘어져 있던 여죄수들이 움직이고 립스틱을 바르고 대화를 하고 세수를 하고 얼굴을 꾸미기 시작했다. 죽음의 싸늘한 분위기가 생기로 바뀌고 온기가 돌기 시작했다. 립스틱 하나로 이렇게 분위기가 바뀌는 것을 목격한 영국 병사들은 이게 꿈인가? 생시인가? 얼굴을 꼬집어보고 있었다. 여죄수들은 더 이상 팔에 새겨진 숫자가 아니었고 외모를 가꾸는 여성이 되었다.

자기인식

VII. 베일을 쓴 여인

Alexander Roslin, 베일을 쓴 여인, 1768,
캔버스의 유채, 65 x 54cm, 스톡홀름, 국립미술관

알렉산더 로슬린(Alexander Roslin 1718년 7월 15일~ 1793년 7월 5일)은 파리에서 François Boucher의 총애를 받았다. 1760년 경부터 대담한 색채를 사용했고 천이나 보석 같은 재료도 사용했다. 은은하게 밝은 또 모델의 심리와 성격까지 섬세하게 그려진 그의 그림은 파리에서 인기가 많았다. 당대 최고의 초상화가가 되었고 프랑스예술 아카데미의 회원이 되었다. 프랑스 왕가의 사람들, 외국 왕자들, 스웨덴의 구스타브 3세와 그 동생 등이 그의 주 고객이었다. 1771년 외국인으로서는 파격적으로 루브르궁에 거처를 두고 연금을 받았다. 그는 Peill 같이 파리에 오는 스웨덴 사람이나 Carl Gustaf Tessin 백작 같은 영향력 있

는 인물의 친구가 되었고 방문을 받았다. 부인이 죽은 후 1774년에서 1775년 사이에 스웨덴을 방문했고 스웨덴 왕립 예술원의 회원이 되었다. 그 기간 동안 스웨덴 왕가의 사람들의 초상화를 그렸다. 파리로 돌아오면서 러시아의 셍페테스부르그를 방문하며 러시아의 캬트린 2세의 초상화를 여러 번 그렸고 러시아 귀족들의 초상화도 그렸다. 러시아에 남아달라는 여왕의 청을 거절하고 파리로 돌아왔다. 프랑스혁명을 겪으면서도 살아 남았고 당대 최고의 갑부 미술가로 살다가 1793년 7월 5일 파리에서 죽었다.

말리 쉬잔 지루는 1734년 태어났다. 비앙과 드 라투르 화실에서 그림을 배웠다. 1750년 파스텔 작품과 세밀화를 전문으로 하는 화랑을 열었는데, 그곳에 자루보다 16세나 많은 알렉산더 로슬린이 찾아왔다. 그들은 격렬한 사랑에 빠져 1759년 결혼했다. 9년 뒤 그녀는 전통 블로냐식 의상을 입고 그의 모델이 되었다.

여성들은 자신의 외모에 많은 신경을 쓰기에 자신의 아름다움을 그려주는 사람에게는 무한한 호감을 표시한다. 더욱이 자신의 사랑하는 애인이 자기를 그릴 때는 이루 말할 수 없는 환희에 사로잡힌다. 이 그림 속의 여성은 사랑하는 애인의 붓질에 자기를 맡기고 있다. 앞의 화가가 자신을 얼마나 아끼고 사랑하는 지 모델은 잘 알고 있다. 그 자신감, 행복감, 따뜻함, 만족감, 신뢰감 등등 모든 긍정적인 요소들이 혼합되어 여성의 표정에 나타난다. 촉촉이 젖은 그녀의 눈빛은 만족과 기쁨으로 빛나고, 약간의 응석이 섞인 표정과 눈망울을 진정한 애인에게 던지고 있다.

화가는 섬세하고 꼼꼼하게 부드럽고 여유로운 붓질로 여인의 매력과 아름다움을 세밀하고 정확하게 포착하려 했다. 진정한 눈빛들의 교감 속에서 탄생된 그림이다. 철학자 디드로도 이 그림의 매력과 가치에 매료되었었다.

이 사랑받던 여성은 1772년 8월 38살에 유방암으로 사망했다. 그 후 스웨덴 우표에 그녀의 초상화가 새겨졌다.

VIII. 깡통반지

1939년 3월 15일 수요일, 체코의 유대인 가정에서 평화롭고 소박하게 살던 즈덴카의 삶은 완전히 달라졌다. 독일이 체코슬로바키아를 점령하면서 저자와 가족이 살아온 소박한 삶이 파괴되고, 수용소에서 수용소로 이송되는 참혹한 시간이 이어졌다. 사랑하는 연인 아르노와도 헤어져야만 했다. 즈덴카는 테레진 강제수용소에서 연인과 슬프고도 아름다운 재회를 했다. 위험을 무릅쓰고 그녀를 찾아온 아르노는 그녀의 손가락에 작은 깡통 반지를 끼워주며 말했다. "이건 우리 약혼반지야. 널 지켜줄 거야. 전쟁이 끝나고 우리가 살아 있다면 내가 널 찾아갈게." 그러나 아르노는 다른 수많은 사람들과 마찬가지로 가축 운반용 화차에 실려 어딘지 모를 곳으로 보내졌다. 그러고는 영원히 이별이었다.

즈덴카는 수용소에서 수용소로 이송되면서도 놀라운 결단력과 용기를 발휘하여 그녀에게 큰 의미를 주는 이 보잘것 없는 반지와 자신의 생명을 지켜냈다. 그리고 마침내 베르겐-벨젠 수용소에서 다시 한

번 찾아온 죽음의 문턱에서 의지력을 발휘함으로써 이름 모를 영국군 장교의 도움으로 생명을 구하는 기적을 이루어냈다. 그녀의 연인은 수용소에서 살아남지 못했지만 연인에 대한 사랑과 깡통 반지는 이렇게 살아남았다.

영국에서는 1996년 체코에서 처음 출판된 『깡통 반지The Tin Ring』라는 책이 인기를 끌고 있는데, 조심스럽게 영화화 가능성까지 점쳐지면서 아마존 베스트셀러 역사 분야 1위 자리에까지 올랐다. 영국 BBC 방송과 출판 잡지 『퍼블리셔스 위클리』는 각각 '믿을 수 없는 이야기' '평생 잊지 못할 이야기'라는 평가를 했다.

『깡통 반지The Tin Ring』의 저자 즈덴카 판틀로바는 '20세기 최악의 지옥' 홀로코스트 역사를 생생하게 증언하며, 이 책을 통해 당시의 기억을 되살려내고 있다. 많은 사람들에게는 다시 생각조차 하기 싫을 정도로 끔찍했던 역사이겠으나, 그녀에게는 영원한 사랑의 징표인 '깡통 반지'가 있기에 힘겹게 용기를 내서 당시의 이야기를 들려준다. 현재 그녀의 나이 92세. 아직까지 아르노의 소식을 듣지 못했지만, 여전히 즈덴카는 주름이 깊어진 그녀의 손에 'Arno 13.6.1942'라고 새겨진 세상에서 가장 아름다운 깡통 반지를 끼고 있다.

IX. 다사랏 만지

다사랏 만지는 1934년 인도 동부 비하르주 시골 마을의 가난한 노동자 가정에서 태어났다. 1960년 다시랏 만지의 부인은 부상을 당했다. 그가 살던 마을에서 가장 가까운 병원까지는 거리가 55km나 되었다. 아내를 데리고 병원으로 향하던 다사랏 만지는 길을 막고 있는 바위산 때문에 우회하여 가는 도중 아내를 잃고 말았다.

다시랏 만지는 이웃들이 부인과 같은 일을 겪게 하지 않기 위해서 산을 깎기 시작했다. 처음엔 그가 정말 산을 깎아 길을 낼 수 있을 것이라고 생각하는 사람은 아무도 없었다. 아내를 잃은 해부터, 그는 망치와 정만을 가지고 매일마다 바위산을 깎기 시작했다. 그리고 22년간 밤낮으로 바위산을 깎은 끝에 바위산 한가운데로 폭 8m, 높이 9m,

길이 110m의 길을 만들었다. 다시랏 만지의 집에서 병원이 있는 마을까지의 거리는 예전엔 55km였으나 길이 생긴 뒤 15km로 줄어들었다.

"나는 내가 한 것에 대해 어떠한 명예도 관심 없습니다."라고 말했다. 2007년 8월 다사랏 만지는 73세의 나이에 쓸개암으로 세상을 떠났다. 다시랏 만지의 사연은 인도 사회에 큰 반향을 일으켰고 '마운틴 맨'이란 별칭을 얻었다. 그가 죽자 인도의 비하르주는 그를 위해 성대하게 장례를 치루어 주었다. 현재 인도 정부는 그가 살던 마을에 그의 이름을 딴 병원 설립을 준비 중이다. 영화감독 케탄 메타는 이 분의 삶에 감동이 되어 그의 일대기를 영화화 하기도 하였습니다. 그가 바로 마운틴맨 '다시랏 만지'이다.

參考文獻

낭소군, 『중국 근현대 미술』 김상철 역, (시공아트, 2006).

徐敬東.徐欣諱 著, 『중국 대륙을 품어 화폭에 담다』張俊 晳譯, (고래실 2002)

除星編著,『豊子愷漫畵研究』(西冷印社, 2004)

除星編著,『芝術人生-走近大師』(西冷印社出版社,2004)

豊子愷, 『除星編著』(湖北.美術出版社 2002)

豊子愷, 『古詩新畵』(上海古籍出版社, 2002)

豊子愷, 『豊子愷兒童畵集』(上海古籍出版社, 2003)

豊子愷, 『護生書畵 二集』 (上海古籍出版社 2003)

豊子愷, 『豊子愷美術夜潭』(上海人民美術出版社, 2004)

조정래, 〈풍자개(豊子愷)의 예술창작과 그 미학사상 연구〉, 《문화사학》, 23권 (2005.01)

니시마키 이사무(西槇偉), 〈풍자개(豊子愷)(1898-1975)의 서양미술 수용 및 중국 전통미술 재발견과 혁신에 대해〉, 《美術史論壇》, Vol .20, 2005, 박소현역, 한국미술연구소 발행.

홍승직, 〈풍자개(豊子愷)의 산문세계〉, 《중국어문논총》, 34집, 중국어문연구회, 2007.

장성욱(章成旭)

한국 외국어 대학교 불어교육과와 동 대학원 불어과를 졸업하고 프랑스 NANCY II 대학교에서 불문학박사학위를 받았다. 캐나다 TORONTO 대학교 객원교수를 역임하고 현재 동의 대학교 불어불문학과 교수이다. 세계기호학회, 세계시각기호 학회 정회원이며 프랑스 문화 관련 학회의 활동도 하고 있다. 생텍쥐페리, 헤르만 헤세, 프란츠 카프카, 르끌레지오 등 작가들이 그린 그림을 분석했다.

텍스트와 이미지, 문학과 미술, 글과 그림, 예술 심리학, 시각 기호학, 선불교 등에 관심을 가지고 연구하고 있다. 동국 대학교 불교학 석사 논문은 [영화 '아바타'에 나타난 불교 사상]이었다. 저서로는『어린 왕자와 장미』(1994),『그림으로 읽는 어린 왕자』(2003),『가야산 호랑이 성철 스님』(공저)(2005),『풍자개의 그림 세계』(2011),『어린 왕자와 불어 공부』(2012),『어린 왕자 번역 및 해설』(2012),『마라난타』(2013),『헤르만 헤세의 시와 그림』(2013),『성철스님과 아비라 기도』,『생텍쥐페리와 어린왕자』(2014) 등이 있다.

논문은 [텍스트 분석과 그림]. [글과 그림]. [The semiotic analysis of eng ZiKai's paintings], [나쓰메 소세키의 그림 분석], [Le Clézio의 그림 분석], [Franz Kafka의 그림 분석], [헤르만 헤세 그림 속의 구름], [풍자개 그림 속의 동심의 세계], [풍자개 그림 속의 생명관], ['말괄량이 기관차 치치'의 삽화 분석] 등 다수가 있다.

E-mail : jangsw@deu.ac.kr

풍자개豊子愷 글과 그림 그리고 인성교육

초판 1쇄 발행 _ 2017년 8월 10일

서　　사 · 징 싱 욱
발 행 인 · 정 현 걸
발　　행 · 신 아 사
인　　쇄 · 토탈프로세스
출판등록 · 1956년 1월 5일 (제9-52호)
주　　소 · 서울시 은평구 통일로 59길 4(2F)
전　　화 · 02)382-6411 · 팩스 02)382-6401
홈페이지 · www.shinasa.co.kr
E-MAIL · shinasa@daum.net

ISBN 978-89-8396-997-2 (03650)

정가 13,000 원